ラーマクリシュナの回想録 2

―― 出家と在家信者による ――

スワーミー・チェタナーナンダ編集・収集

日本ヴェーダーンタ協会

目次

出版者のことば

当協会は「ラーマクリシュナの回想録」の第一巻をすでに出版しておりますが、このたび第二巻を出版するはこびとなりましたことを、喜ばしく思います。本書は、さらに興味深い内容にて、近代インドの神人、シュリー・ラーマクリシュナの神聖な回想録を著しています。シュリー・ラーマクリシュナの出家の直弟子スワーミー・ヴィヴェーカーナンダ、スワーミー・アドブターナンダ、スワーミー・トゥリーヤーナンダや、「ラーマクリシュナの福音」の記録者M（マヘンドラナート・グプタ）、そしてシュリー・ラーマクリシュナの近親者ラムラル・チャットパーディヤーヤの回想が含まれています。

本シリーズの背景と特徴を理解していただくために、改めて第一巻の出版者のことばから引用します。

神の化身について理解したいなら、例えば、ゴータマ・ブッダの生涯や教えは「トゥリピタカ Tripitaka（三蔵《さんぞう》）」などの聖典から、また、イエス・キリストの生涯や教えは「バイブル（聖書）」から理解することができるのは確かです。しかしこれらの聖典は彼らが生きていた時代の後に書かれたもので、それほど詳しいことが記されてはいません。そのため、それらの本は熱心な読者の要求、つまり神人たちが日常の生活をどのように生き、人々と接し、どのように教えたか、また彼らの身ぶりや姿勢はどうであったか、何を好み何を嫌ったか、また状況に応じてどのような気分を持っていたかなどについての情報を、完全に満たすことはできないでしょう。そして偉大な魂の人生を詳細に知ることは、私たちに強烈な喜びをあたえ、また深く考える機会をあたえてくれるのです。

聖人伝の歴史の中で初めて、シュリー・ラーマクリシュナのような神の化身の神聖な生き方と教えの詳細を、彼の親戚や弟子たち、また男女出家在家を問わず、さまざまな信仰や職業や気質の信者たちからの、多様で信頼のおける情報として得ることができます。これらの話はすべて個人的なものですが、深遠で魅惑的で私たちの精神を高揚させてくれるものです。読者の皆さんは、この本を読んで楽しみながら精神的に満たされていくのを感じるでしょう。この本に出てくる話は、シュリー・ラーマクリシュナの臨在を生き生きと感じさせ、読者のみなさんは彼を心に感じ、聖なる交流が精妙なかたちで経験されるのです。

当協会ではすでに「ラーマクリシュナの福音」（The Gospel of Sri Ramakrishna の邦訳）と「ラーマクリシュナの生涯」（Sri Ramakrishna the Great Master の邦訳）を出版してきました。この二冊はまさしくラーマクリシュナの生涯と教えの根源となる本ですが、今回シュリー・マクリシュナの回想の詳細な断片を含み、右記二冊を補足し、彼の生涯をさらに十分なかたちで描く新しい本が提供されることを大変うれしく思っております。シュリー・ラーマクリシュナの生涯に関心を持つ読者のみなさんが、この新しい本を楽しく味わって読んでくださることを確信しています。

本書の内容は、当協会の隔月誌「不滅の言葉」に連載されてきました。アメリカ、セント・ルイス市ヴェーダーンタ協会長、スワーミー・チェタナーナンダ師によって英語で書かれた本を翻訳したものです。

出版にあたり、校正をしてくださった村椿笙子氏、装丁をしてくださったサンジーブ・チャンダ氏、そのほか協力いただいた方々に感謝の意を表します。

本書を読むことで、シュリー・ラーマクリシュナの人知を超えた神聖な姿、彼が授けた高い境地の喜び、そして人びとの生き方にもたらした霊的な光明を、より間近に捉えていただけたら幸いです。

日本ヴェーダーンタ協会

シュリー・ラーマクリシュナ

スワーミー・ヴィヴェーカーナンダ

第一章　スワーミー・ヴィヴェーカーナンダ

スワーミー・ヴィヴェーカーナンダ（一八六三〜一九〇二）は、シュリー・ラーマクリシュナに一八八一年に出会っている。当時、彼は大学生であった。その後の五年間、彼は師と親密に交わった。師のもっとも重要な弟子として、彼の人生は、師の晩年と密接に結び付いている。そのため、スワーミー・ヴィヴェーカーナンダによる師の思い出は、彼の伝記の中のいたるところにちりばめられている。一八九三年、彼はヴェーダーンタのメッセージを西洋に伝え、一八九七年にラーマクリシュナ・ミッションを設立した。

シュリー・ラーマクリシュナとのはじめての出会い

私が初めてシュリー・ラーマクリシュナのもとを訪れたのは、ドッキネッショル寺院の庭にある、師ご自身の部屋だった。その日、私は二曲、歌をうたった。

最初の曲［1］をうたい終わるやいなや、師は立ち上がって私の手を取り、北側のベランダに連れだされた。冬だったので、柱と柱の間の空間はござでできた仕切りで覆われていて、北風を防いでいた。つまり部屋の戸が閉まると、ベランダにいる人は完全に隠れて見えなくなってしまうのだ。師はベランダに出るとすぐに戸を閉められた。私は、師が個人的な指示をお与えくださるのだろうと思った。しかし次に師がおっしゃったこと、なさったことはまったく信じられないことだった。師は私の手を取ると、喜びの涙を滝のように流されたのだ。親しい友人のように愛情を込めておっしゃった。「ずいぶんくるのが遅かったのだね。これでいいと思っているのかね？　どんなにおまえを待っていたかわからなかったのかね？　世俗的な人びとのおしゃべりで、私の耳は焼け焦げてしまいそうだ。自分の本当の気持ちをだれにも言えずに、心は張り裂けんばかりだったのだよ！」こうして泣いたりわめいたりし続けられたのだった。それから突然合掌して立ち上がられ、まるで私が聖者でもあるかのように話しかけられた。「主よ、私はあなたがどなたなのか存じております。あなたは古代の賢者ナラ・ナーラーヤナの化身であられます。人類の苦しみと悲しみを取り除くために、下生なされたのです」とね。

私は師がなされたことに唖然としてひとりごとを言った。「いったいどういうお方なのだろうか？　気が狂っておられるに違いない！　どうしてヴィシュワナータ・ダッタの息子に他ならない私にこんな風に話されるのだろうか？」だが、私が答えないままでいると、このすばらしい狂気の人は言いたい放題のことをおっしゃった。やがて私にベランダで待っているようにおっしゃって、お部屋にもどって行かれた。師はバターや氷砂糖、サンデーシュ（ミルク菓子）を手にしてもどってこられると、御自分の手で私に食べさせてくださった。だが友だちに分ける菓子をくださるようにいくらお願いしても、聞き入れられなかった。「彼らには後で与えよう」とおっしゃった。「これはおまえの分だから」と、私がぜんぶ食べ切るまで満足されなかった。それから私の手を取るとおっしゃった。「また近く、今度は一人でくると約束しておくれ」。あまりに熱心に頼まれたので、断るわけにはいかなかった。私は「まいります」と申しあげた。それから師と部屋にもどると、友人たちと座に着いたのだった。

座に着いてから私は注意深く師を観察した。他の人に対する言葉、動き、態度には何ら異常は見られなかった。それどころか、その言葉や法悦状態は、神のためにいっさいを捨てた放棄者であることを物語っていた。そして、彼の言葉と人生とは、明らかに一致しているのだった。彼は、もっとも素朴な言葉で話しておられた。私は、「この人が、偉大な教師であるなどということが、ありえるのだろうか?」と思った。そして彼の近くにそっと行き、これまでたびたび投げかけてきた質問をした。「師よ、あなたは神を見たことがありますか?」「ああ。私は、おまえを見るのと同じように、神を見る。ただ、ずっと強烈に感じるのだ」と。「神は、実際に実感することができる」彼は話し続けられた。「神は、ちょうど私がおまえを見て話しかけているように、見ることも話すこともできるのだよ。だが、だれがそんなことをしたいと思うだろうか? 人は妻や子ども、金や財産のことで嘆き悲しみ、滝のような涙を流す。しかしだれが神を求めて涙するだろうか? 本当に神を見たいと思って神に祈るなら、神は必ずお姿を見せてくださるのだよ」私はただちに深く感動した。初めて、神を見た、宗教は感得することができる現実のものであって、私たちがこの世界を感じるのとは比較にならないくらい強烈に体感することができるものなのだ、と言う人を、私は見つけ出したのだ。これらのことを彼の口から聞いたとき、私はそれを普通の説教者のように話しているのではなくて、自分自身で体得した悟りの深みから話しておられるのだと信じないわけにはいかなかった。しかし、私はそのお言葉と私に対する奇妙な態度については、調和させることができなかった。だから私は、彼は偏執狂に違いないと結論したのだった。しかし師の放棄の偉大さは認めざるを得なかった。私は思った。「この人は気が狂っているかも知れない。それでもここまで放棄できるとは、実にまれな魂だ。もし狂人だとしても、聖なる者の中でももっとも神聖な者、真の聖者だ。これだけでも、人類の敬愛と賞賛に値する人だ」このような矛盾した思いを抱きつつ、師の御足にぬかずいて別れを告げると、私はカルカッタ（コルカタ）にもどったのだった。

二度目の訪問

私はドッキネッショル寺院がカルカッタからどれほど遠いか、知らなかった。というのは、私はそこに馬車で一度しか行ったことがなかったからだ。ところがこのときは行けども行けどもたどり着けなかった。多くの人に道をたずねて、やっとのことでドッキネッショルまで着くと、まっすぐに師のお部屋に向かった。師は大きな寝台の横にある小さい方の寝台に座って深い瞑想に入っておられた。おそばにはだれもいなかった。師は私を見ると、喜んで呼び寄せて、寝台のはしに座らせてくださった。法悦状態にあられた。私には理解できない何事かをつぶやいて、じっと私を見つめ、それから立ち上がって近づいてこられた。また狂気じみた場面が演じられるのか、と思った。私がそう思った瞬間、師はその右足を私の身体の上に置かれたのだ。私はただちに驚くべき経験をした。私の目は大きく見開かれて、部屋の中のものすべてが、壁もふくめて、私のまわりで急速に旋回しながら遠ざかっていったのだ。そして同時に自分という意識が全宇宙とともに、広大ないっさいを飲みこむ虚空に姿を消して行くかのように思われたのだった。この自分という意識の破壊は、私にとっては死と同じことのように思えた。私は死が間近に迫っていると感じた。自分を制御できず、大声で叫んだ。「ああ、私に何をなさるのですか？　家には両親がいるのをご存じないのですか？」師はこれを聞いて、大声でお笑いになった。それから私の胸に手で触れておっしゃった。「よろしい。今日はこのくらいにしておこう。一度にする必要はない。やがて機が熟すだろう」そして驚いたことに、この不思議なヴィジョンは現れた時と同様、たちまちにして消えてしまったのだ。普段の意識状態にもどった私は、部屋の内外の物が元通りに整然と置かれているのを見た。

こうして話せば長くなるが、実際には一瞬のでき事だった。それなのに、私の思考方法はすっかり変わってしまったのだ。私は当惑して、いったい何が起こったのか分析しようとした。この尋常ならぬ人の意のままに、この経験が始まって終わったのを見たのである。催眠術に関しては本で読んでいたので、そうしたたぐいのものかとも疑った。しかし私の心はそう信じることを拒絶していた。なぜならたとえ強力な意志力の持ち主であっても、弱い心の人に対してしかこうした状況は作り出せないからだ。そして私の心は決して弱くはなかったのである。事実そのときまで、私は知性と意志力を誇りにしていた。あの人は私に魔法をかけたわけでも、無理強いしたわけでもなかった。反対に初対面の私は、彼が狂人であると判断していたのだった。それならばどうして突然こんなことになったのだろうか？　しかしこれ以上あの人から影響をこうむらないように警戒しようと心に決めたのだった。

次の瞬間、私は考えた。「私の断固としたがん強な心を粉々にしたあの人が狂人だなどと言って片づけることが、どうしてできようか？」けれども、狂人であるというのが、まさに最初の訪問で、ほとばしるように大げさなことをおっしゃっていたことから判断した結論だったのだ。彼が神の化身でもあれば別だが、しかし、そんなことは到底ありえない。このように私は自分の経験の真の性質についても、明らかに子どものように純粋で素朴なこの人物の真相についても、ジレンマに陥っていた。私の理性的な心は、物事の真相を見極めることに失敗するという不愉快な打撃を受けた。しかし、私はなんとかしてこの秘密を解き明かそう、と心に強く誓ったのだった。

その日は一日中そうした思いにふけっていた。しかし、このでき事の後、師はまったく別人のようになられた。最初の訪問の時のように、とても親切に、思いやり深くもてなしてくださったのだ。

彼の私に対する態度は、まるで長年別れていた旧友か身内に久しぶりに出会ったかのようだった。師は、私をいくらもてなし、世話の限りをつくしても、満足されることはなかった。この師の愛情深いふるまいに、私はますます引きつけられた。日も暮れかけ、私はおいとまを告げた。すると師はたいへんがっかりされ、できるだけ早くまたくると約束するまでは帰ることをお許しにならなかった。

宇宙意識の経験

ナレンの生まれつきの性格を知り、ラーマクリシュナは彼に一元論的ヴェーダーンタをお教えになった。それは、個人の魂とブラフマンは同一である、というものである。ある日、ナレンはハズラにヴェーダーンタの非二元論のことと、それを受け入れるのを好まないことを話した。「水差しが神で、茶わんが神で、見るものすべてが神だ、などということがあり得るでしょうか？」ナレンはあざけって笑い、ハズラもそれに加わった。彼らが笑っている間にラーマクリシュナは二人に近づかれ、「なんの話だね？」と愛情深くおたずねになった。それから答えを待たずにナレーンドラに触れてサマーディにお入りになった。ナレンはこのひと触れの効果を物語った。

師の不思議なひと触れによって、私の心に完全な革命が起こった。私は、本当に全宇宙に神以外何も存在しないことを見て、すっかり仰天してしまったのだ。この心境がいつまで続くのだろうと思いながら、黙っていた。この感覚は一日中なくならなかった。家に帰った後も、まったく同様のままだった。見るものすべてが神だった。食事の席に着くと、皿、食べ物、給仕してくれる母、そして自分自身のすべてが神であることを見たのだ。一、二口食べて私は黙ってじっと座っていた。母が優しくたずねた。『どうしてそんなに静かにしているの？　どうして食べないの？』それを聞いて日常の意識にもどった私は、また食べ始めたのだった。しかしこのとき以来、食べていても、座っていても、寝ていても、学校に行っていても、何をしていても同じ経験をし続けたのだった。とても言い表せないある種の酩酊状態だった。たとえ通りを渡っている自分に馬車が向かってきたとしても、いつも通り、ひかれないように道をあけようという気にもなれなかったほどだ。私はひとりごとを言った。「私は馬車だ。馬車と私は一つだ」この間、手足の感覚はなかった。ものを食べても、まったく満足感は得られなかった。だれか他の人が食べているかのようだった。ときどき食事中に横になり、数分後にはまた立ち上がって食べ続けた。こうしてこの時期、普段よりずっと多い量の食事をしたが、体調はくずさなかった。驚いた母は、私がひどい病にかかっていると思った。「この子は長生きしないでしょう」と言っていた。

この最初の酩酊状態が弱まると、今度は世界が夢のように見えだしたのだった。コーンウオーリス・スクエア（現アザディンド・パーク）を散歩しながら、鉄のさくに自分の頭を打ちつけて、夢のさくなのか、本物のさくなのか確かめたりもした。頭や足の感覚がなくなっていたので、麻痺してしまうのではないか、と思ったのだった。とうとう普通の状態にもどったとき、自分の体験が、非二元の啓示だったことを確信した。そして聖典に見られるこうした体験がすべて真実であることを悟ったのだ。

ドッキネッショルにおける歓喜の日々

師のそばにいることで得られる、言葉に言い表せない喜びがどのようなものか、他の人に伝えることは到底できない。師が私たちをどのように訓練されようとしたかということについては、本当に私たちの理解を超えている。私たちがそうだと気がつかないうちに、楽しんだり遊んだりしながら、私たちの霊性の生活を形作ってくださったのだ。ちょうどレスラーの師が初心者に用心深く、自制しながら教えるように——あるときには、たいへん苦労してやっと勝った振りをし、別のときには弟子に自信をつけさせるためにわざと負ける振りをする——まったくそれと同じように、シュリー・ラーマクリシュナはわれわれを扱われた。アートマン（至高の自己）、すなわち無限の力の源は、あらゆる人の内にあると悟っておられたので、師はどんなにちっぽけな人であっても、あらゆる人の中に潜んでいる巨人を見ることがおできになったのだ。師は機が熟せば自然に現れる、内に潜んでいる霊性をはっきりと見ることがおできになった。その明るい未来像を示して、師は私たちのことを高く評価し、励ましてくださった。また、われわれが世俗的な欲望に巻きこまれ、この未来の達成を妨げることがないように、われわれに警告なさったものだ。その上、われわれの生活のどんな細かいことについても注意深く観察し、制御してくださった。これらのことすべてを、だれにもおっしゃらず、そっとされていた。これが師の弟子を訓練し、人生を形作るやり方だった。

あるとき、私は瞑想中、深く集中することができないと感じたことがあった。師にそのことを申しあげ、指示を仰いだ。師は私にこのことに関するご自分の経験をお話になり、指示をされた。私は早朝座って瞑想しているとき、近くの麻工場の鋭い警笛の音に心が乱されていた。私がそのことを師に申しあげると、心を警笛の音に集中せよ、と助言された。私は師の助言に従い、大きな益を得た。

別の機会に、私は肉体を完全に忘れて心を神像にだけ集中させることが困難であると感じた。師に相談しに行くと、師は私に、ご自身が非二元の修行に従ってサマーディを行じられた際に、トーター・プリー（師の師）から受けられた指示を私にされた。師は私の眉間をつめで鋭く押し、「さあ、この痛みの感覚に心を集中せよ」とおっしゃられた。私は、この感覚に好きなだけ集中することができることがわかった。その間、体の他の部分の感覚は意識になく、気を散らされて瞑想の妨げになることがないのは、言うまでもなかった。師のさまざまな霊的実現と関わったひとけのないパンチャヴァティは、われわれの瞑想の場所としてもっともふさわしいものであった。

瞑想や霊的修行に加え、われわれはそこで純粋な喜びとお祭りのような楽しい時間をたっぷりとすごしたものだ。シュリー・ラーマクリシュナもわれわれといっしょに参加され、われわれの無邪気な喜びはいっそう増した。われわれは走り、飛び回り、木に登り、つる草にぶら下がり、ときどき陽気に外で食事をした。われわれが外で食事をした最初の日に、師は私が料理したことをお知りになりながら、それを召し上がった。私は師がブラーミンの作ったもの以外は召し上がらないことを知っていたので、師の食事はカーリー寺院で用意されるように手配していた。しかし、師は「おまえのような純粋な魂が作った食べ物をたべて、私に害があるわけがない」とおっしゃった。何度もご意見したが、師はその日、私が作った料理を楽しまれた。

「シュリー・ラーマクリシュナは私を信じてくださった」

一八八四年の早い時期に、ナレンの父親であるヴィシュワナータが心臓麻痺で死亡した。彼はしばらくの間、心臓を患っていた。ヴィシュワナータの財政事情が詳しく調べられると、彼は稼ぐ以上に支出し、借金以外は何も残さなかったことがわかった。親戚の中には訴訟に訴えて一家の住む家の持ち分を得ようとした者たちさえあった。彼らは訴訟には敗れた。しかし、ナレンは引き続き一家の最年長の男子として、母親や兄弟たちを養うという義務と向き合わなければならなかった。彼はそれまで、どのような種類の不幸も経験したことがなかった。彼が奮闘の模様を物語る。

喪の明ける前から、すでに私は職を求めて奔走していた。栄養不足でめまいがしたが、就職の申込書を抱えて、照りつける日差しの中を一軒一軒はだしで歩き回った。どこに行っても拒絶された。この初めての経験から、私はこの世には、無私の思いやりというものがきわめてまれであること、貧者や弱者の居場所などないことを、思い知らされた。ほんの数週間前には、私の役に立つことができれば幸いだと思っていた人でさえ、顔をしかめたものだった。その気になれば容易に力になれるのに、取り合ってもくれなかった。そうしたある日、日差しの中を歩いているうちに、足の裏にまめができたのを覚えている。私は疲れ果て、マイダンにあるオクタロニ・モニュメントの日陰に腰を下ろした。たまたまいっしょに居合わせた友人が、私を慰めようと、うたってくれた。

風が吹く、ブラフマンの息吹が、
彼の恩寵を感じる

しかし、この歌を聞いたとき、私は、まるで頭を激しく殴られたかのように感じた。母や弟たちのどうしようもない状態を思うと、憤りと絶望から、「黙ってくれ!」と叫んだのだった。「ぜいたくな暮らしをしている人、飢えとはどんなものか想像もつかない人、身内がぼろをまとって飢えていない人には、そんな空言《そらごと》もけっこうなことだろう。それはまちがいもなく彼らに真実で美しいと聞こえる歌であり、かつては私にもそう聞こえていた。しかし今や、人生とは本当はどのようなものか、知ってしまったのだ。その歌は、単なる嘘の塊だ」

友人は私の言葉にひどく傷ついた。私にこんな言葉をはかせた赤貧《せきひん》を、どうして彼に理解できただろうか？ 朝起きて全員に食べ物が足りない日には、「友だちに昼食に呼ばれています」と母に告げて家をでた。こういう日は、ポケットに持ち金がなかったので何も食べなかった。しかし自尊心から、私はそれをだれにも話さなかった。あいかわらず裕福な友人の家や別荘のパーティーに招かれて、歌を請われることもあった。断り切れないときには、足を運んで興をそえた。自分の気持ちを話す気にはなれず、彼らも私に暮らし向きのことなどたずねようとはしなかった。ごくわずかの友人は、「どうして今日はそんなに顔色が悪く、悲しそうなんだい？」とたずねたものだった。しかし、そんな中でただ一人、私は黙っていたのに、事態を察した友人がいた。彼は母にときどき匿名で送金をしてくれたものだった。彼の恩義は、永遠に忘れない。

これほど苦しんでいても、神の存在に対する信仰をなくしたり、「神は善である」ということを疑うことはまだなかった。毎朝主のことを思い、神の御名を唱えながら起床した。それから固く決意をし、希望をもって金を稼ぐための方法を探し回った。ある日、いつものように起床し神の御名を唱えていると、隣の部屋に母がいて、苦々しく言った。「お黙りなさい！ おまえは子どものころから神の御名を唱えている。神がおまえに何をしてくれたと言うのです？」母の言葉に私はひどく傷ついた。ぼう然として自問した。「神は本当におられるのか？　もしおられるなら、彼は人の悲痛な祈りに耳を傾けられるのだろうか？　なぜ私の熱心な祈りに答えてくださらないのだろうか？　神の創造物にこれほど悪がはびこっているのはなぜだろうか？　至福の神の国にこれほどの苦難があるのはどうしてなのか？」……私のハートは神に対する傷ついた愛の感情で突き刺され、神の存在に対する疑いに激しく悩まされるようになった。

何によらず隠し事は自分の性分に反していた。子どもの頃でさえ、どんなに小さな思いや行為でも、恐れなどの理由から隠し立てをすることは決してできなかった。そんな私が、神は存在しない、たとえ存在しても結果が得られないのだから祈っても無駄だ、と攻撃的に説いて回ったのも当然だった。その結果、無神論者になった私が、酒を飲み、悪人と交わり、いかがわしい場所に出入りしているといううわさがたちまち広がった。

こういううわさはたちまち広がるものだ。まったくゆがめられた私の言葉がカルカッタの信者たちはもちろん、師の耳に入るのに、長くはかからなかった。真相を聞きにきた人たちは、うわさのぜんぶとは言わないまでも、少なくとも一部は信じたことは明らかだった。彼らにそこまで見くびられていると知ると、さすがにひどく傷ついた。地獄を恐れるゆえに神を信じるのは卑怯者だと言い放った。フューム、ミル、ベイン、コントなどの西洋の哲学者を引用しつつ、神が存在するという証拠などはあり得ない、と激しく論じた。これによって彼らが以前にもまして私の堕落を確信して帰ったことは、後で知った。私は挑戦的な気分で、むしろそれを喜んでいた。ところが師もおそらく今や同じことを信じておられるだろう、という考えが浮かんだ。そのことを思うやいなや、ひどい苦痛を感じた。それでも自分に言って聞かせた。「もしも師が彼らの話を信じられるのなら、どうすることもできまい。他の人に良く思われようが、悪く思われようが、なんの価値があろうか?」こうした私に関する嘘の話がすべて師の耳に入っていたことは、後になって知った。師は、最初は何もおっしゃらなかった。しかし信者の一人が涙ながらに師に、「師よ、ナレーンドラがここまで落ちぶれようとは、夢にも思いませんでした!」と言うと、師は興奮して叫ばれた。「黙れ、こいつめ! 母は、あれが絶対にそんなことはしないと私にお話しくださった。これ以上言うのなら、この部屋に入ることはゆるさないぞ!」

今や私は世間の賞賛にも非難にもまったく無関心になった。他の人たちのように金を稼いだり、家族を養ったり、世俗的な楽しみを求めるために自分が生まれてきたのではないことを、はっきりと確信していた。私は祖父がしたように、ひそかに世を捨てる準備をしていた。ところが放浪の修行僧としての人生を始めようと決めていたまさにその日に、師がカルカッタの信者の家にこられるという知らせを耳にした。これは非常な好運だと思った。永久に家を離れる前に、グルにお目にかかるべきだと思ったのだ。しかし師にお会いすると、師は「今日はいっしょにドッキネッショルにおいで」としつこくおっしゃった。私はあれこれ言いわけを並べ立てたが、聞き入れてはくださらなかった。しかたなく私は師と馬車にもどったが、ほとんど言葉は交わさなかった。ドッキネッショルに着くと、私は他の信者といっしょに師の部屋でしばらく座った。そのとき、師が法悦状態にお入りになった。そして突然私の方にいらっしゃると、私の手をお取りになって、涙を流しながらうたいだされた。

あなたに話しかけるのが怖い、話しかけないのが怖い。
おお、ラーダーよ、あなたを失おうとしている予感がして！

この間ずっと私は自分の激しい感情の高まりをじっと抑えていた。しかし、もはやそれもできずに、私も師と同様、涙でびしょぬれになった。師が私の計画をすべてご存じだったのがはっきりとわかった。他の人たちは私たちのふるまいを見て仰天した。師が通常の意識状態にもどられると、ある信者がわけをおたずねした。師はほほ笑んでお答えになった。「私たち二人だけのことなのだよ」その夜、師は他の人たちをお帰しになった。私をそばにお呼びになると、感動に声を詰まらせながらおっしゃった。「おまえが母のお仕事をしにこの世にきたのは知っている。おまえには決して世俗の生活を送ることなどできないのだ。しかしお願いだ。私が生きている間は家にとどまっておくれ」こうおっしゃると、また泣きだされたのだった。

私は師に別れを告げて帰宅した。家族に対する無数の心配事が心を占めたが、新たなエネルギーを得て、ふたたび職探しを始めた。弁護士事務所で本を翻訳する職を得て、当座をしのいだ。けれどもこれらはすべて臨時の仕事であり、母や弟たちを養うための安定した収入はなかった。しばらくたって私は、「神は師の祈りを聞き入れてくださる」ということを思いだして、わが家の経済破綻を終わらせる取りなしの祈りを師にお願いすべきだと思った。私を思う師が断られることはあるまいと思われた。

私はドッキネッショルに急ぐと、しつこくお願いしたのだった。「師よ、わが家の金銭問題が解決されるよう、母に祈ってください」師がお答えになった。「私にはそういうお願いはできないのだよ。自分で行って、母にお願いしたらどうだね？　おまえは母を受け入れていない。それだからこんなに苦しんでいるのだよ」私は答えた。「私は母を知らないのです。私にかわって、母にお話しください。ぜひお願い致します。そうしてくださるまで、お離し致しません」師は愛情を込めておっしゃった。「わが子よ、おまえの苦しみが取り除かれるように、すでに何度も母にお祈りしたのだよ。だがおまえが母を望まないものだから、母が私の祈りを聞いてくださらないのだよ。よろしい。今日は火曜日で、母にとって特に神聖な日だ。今夜聖堂に行って祈りなさい。おまえの願いを母は必ずかなえてくださる。私が受けあおう。私の優しい母は、純粋意識の権化、ブラフマンの力であられる。

そして、彼女の思し召しひとつでこの宇宙が生みだされたのだ。彼女の思し召しがかなわぬことなどあるだろうか？」

師がこうおっしゃるのだから、母に祈ればあらゆる苦しみはすぐなくなるに違いない、という確信に満たされた。夜がくるのが待ち遠しかった。とうとう夜になった。夜九時になると、師が聖堂に行くようにおっしゃった。向かう途中、私はある種の酩酊状態に入ってよろけた。母のお姿を拝し、お声を聞くという確信があった。他のすべてを忘れて、その思いだけに没入した。聖堂に入ると、母が意識を持って生きておられること、無限の愛と美しさの源泉であられることを、この目で見たのだった。愛と信仰に圧倒されて、母に何度も何度もぬかずきながら祈った。「母よ、識別をお授けください。離欲をお授けください。聖なる知識と信仰をお授けください。いつのときにもさえぎられることなく、あなたのお姿を拝せるようにしてください！」私のハートは平安に満たされた。宇宙が消えさった私の心を、母お一人が完全に占めておられた。

師のところにもどると、すぐに師がおたずねになった。「ねえ、おまえの俗世の望みを母に申しあげたかね？」私はびっくりして、「いいえ、師よ、忘れていました。どう致しましょうか？」とお答えした。師がおっしゃった、「行きなさい。もう一度行って、お祈りしておいで」。そこで私はふたたび聖堂に向かった。しかし母の前に立つと、またも酔ったような状態になり目的を忘れてしまったのだった。くり返し彼女にぬかずくと、「知識と信仰をお授けください」と願った。そして師のところにもどると、またほほ笑んでおたずねになるのだった。「さて、今度はお願いできたかね？」私はまたしても驚いてしまった。「いいえ、師よ、できませんでした。母を見るなり、神聖な力に押されて、すべてを忘れてしまったのです。それで知識と信仰だけを願ったのです。さて、どう致しましょうか？」師がおっしゃった。「おばかさんだね。もっとしっかりして、自分の願いを思いださなかったのかね？　もう一度行って欲しいものを母におねだりしておいで。急ぎなさい！」

私は三たび出かけていった。しかし寺院に入るやいなや、深く恥じ入ったのだった。私は思った。「なんとつまらないものを母におねだりしているのだろう！　これでは師がおっしゃるように、王様のお招きにあずかりながら、ヒョウタンやカボチャをお願いしているようなものだ。なんという愚かさ！　私はなんて心のせまい奴なんだろう」、恥と後悔の念から、私は母の前に何度も何度もぬかずいて申しあげた。「母よ、私は何も望みません。ただ、知識と信仰だけをお授けください」。聖堂から出てきた私は、これは師が仕掛けられたことに違いない、と思った。三度も母のところに行ったのに、願い事ができなかったのである。私は師のところに行くと、強く言い張った。「私を酩酊状態にして忘れさせたのは、あなたに違いありません。ですから母や弟たちが衣食に決して困らないように、祈ってくださらなくてはなりません」師はおっしゃった。「わが子よ、そういう祈りはだれのためにも絶対にできないのを知っているだろう。口から言葉が出てこないのだ。おまえが母に祈れば何なりと手に入る、と言ったではないか。しかしおまえにはそれもできなかった。おまえは世俗の幸せのために生まれたのではない。私にどうすることができようか？」私はきっぱり申しあげた。「いいえ、師よ、それはなりません。私のために祈ってくださらねばなりません。あなたがそうしてくださるだけで、家族は貧困から救われるでしょう」。こうして私がしつこくせがみ続けたので、とうとう師はおっしゃった。「よろしい。質素な衣食には決して事欠かないだろう」

＊　＊　＊

ラーマクリシュナは、私を母にささげられたのだった。そして、母はどんな些細なことについても私を導き、私をなさりたいようになさったのだ。けれども、私は長らく苦闘した。私はこの男（シュリー・ラーマクリシュナ）のことを愛した。そのことは私をしっかりとつかんで離さない。私は彼をこれまで見た中でもっとも純粋な人であると思った。そして、彼は私のことを父母ですら力のおよばないようなやり方で愛してくださったことを知っている。

ニルヴィカルパ・サマーディの体験

ある日、コシポル・ガーデンで私は自分の望み（ニルヴィカルパ・サマーディを体験すること）を師に熱心にお話しした。その日の夕方、瞑想の時に私は肉体感覚を失い、肉体はまったく存在しないと感じた。そして、太陽も月も空間も時間もエーテルも、あらゆるものが一つの塊になり、遠い、知られざる領域に溶け込んでいくのを感じた。肉体意識もほとんど消えさり、私はほとんど至高の存在と一体になろうとした。しかしながら、私にはエゴの痕跡が残っていたため、サマーディから相対世界にもどることができたのだった。「私」と「ブラフマン」は消えさり、あらゆるものは一つになった。それはあたかも無限の大海の水――あらゆる部分が水で満たされ、他の何ものも存在しないかのようであった。どんな言葉も思いもそこでは意味をなさなかった。そして、「言葉と思いを超えたところ」という状態だけが現実のものとして存在していた。これと異なり、霊的求道者が「私はブラフマンである」と言ったり思ったりする限り――「私」と「ブラフマン」という二つの実体が最後まで存続し続ける――複雑な見せかけの二元性がそこにはあるのだ。その経験をした後、どんなにくり返し試みても、サマーディの状態にもどることはできなかった。このことをシュリー・ラーマクリシュナにお伝えすると、師はこう言われた。「もしおまえが昼も夜もそうした状態に没入したら、母の仕事は成しとげることができない。だから、おまえはそのような状態に入ることができないのだよ。おまえの仕事が成しとげられたら、また経験するだろう」

シュリー・ラーマクリシュナは力を授けられた

亡くなられる二、三日前、師が「カーリー」と呼ばれた彼女がこの体に入った。私が静かに休息したり自分自身の快適さに目を配ったりすることをさせず、あちらこちらに連れて行き、働かせるのは、彼女なのである。

ある日、師が肉体を捨てられる前、師は私をそばにお呼びになり、私を見すえたままで深い瞑想状態に入られた。そのとき、私は電気ショックにも似た、かすかな力が私の体を通り抜けるように感じた。しばらくの間、外界の意識を失った。私はどのくらいそんな状態にいたのか、覚えていない。私の意識が普通の状態にもどったとき、シュリー・ラーマクリシュナは、すすり泣きをされていた。どうしてかわけをたずねると、師は愛情深くおっしゃった。「今日、私は持てるすべてをおまえに与え、ひとりの托鉢僧、一文無しの乞食になったのだよ。この力により、おまえは自分がいたところにもどる前に、この世の善のために多くの仕事を成しとげるだろう」私は、その力がつねに私をさまざまな仕事に駆り立てていることを感じている。この体は、無為にすごすようには作られていないのだ。

シュリー・ラーマクリシュナが自分のことを明かされる

シュリー・ラーマクリシュナがコシポル・ガーデンですごされていたころ、師の体はいつ永久に失われるかわからない状態にあった。私は師のベッドのそばに座り、心の中で思った。「もし師が自分は神であると断言することがおできになるなら、私は師が本当に神ご自身であられることを信じよう」と。それは、師が亡くなられる二日前のでき事であった。この思いが私の心に浮かんだその瞬間に、シュリー・ラーマクリシュナは私を見つめ、おっしゃった。「ラーマでありクリシュナであった彼が、いまこの身体に宿ってラーマクリシュナなのである。だがおまえのヴェーダーンティックな意味においてではないよ！」このでき事に、私は驚きのあまり言葉を失った〔2〕。

〔1〕

おお、心よ、もう一度家に帰ろう！
地球という異国の土地で
異邦人の装いでさまよい歩くのはなぜか？
周りの生き物も、五大元素も
すべておまえには縁なきこと、何一つ自分のものはない。
こうして異邦人との愛に、
どうして我を忘れるのか。おお、心よ。
どうして身内を忘れるのか？
真理への道を登れ、おお、心よ！
「愛」を道を照らす灯火として、たゆむことなく進め。
旅路の備えとして、美徳を念入りに隠し持て
二人のおいはぎのように、
貪欲と迷妄がおまえの富を盗もうと待ちかまえているのだから。

常に平常心と自制を傍らにたずさえて、
自分を害から守る番人とせよ。
聖者との清き交わりこそは、
おまえを迎えてくれる道ばたの休憩所だ。
迷いが生じたなら、疲れた手足を休めて、
そこで道を尋ねるのだ。
道中恐れを感じたら、神の御名を大声で叫ぶのだ。
神こそは道の統治者なのだから、
すると、死さえもが彼にぬかずくだろう。

［2］ここでヒンドゥの宗教的伝統に基づく輪廻の意味について少し述べておく。ヴェーダーンタ思想の主要な教義の一つが魂の神聖さである。あらゆる魂が、本質においてはブラフマンなのである。それだから、神の化身と普通の人間との間に差はないとみなしている。確かに、絶対的なすなわちブラフマンの観点からは、違いは存在しない。しかし、多様性が存在する相対的な観点からは違いがあることを認めなければならない。具体化した人間は、それぞれが異なった量の神聖さを反映しているが、神の化身においては、この神聖さは完全に表現されている。例を用いてわかりやすく説明しよう。粘土のライオンと粘土のネズミとの間には、粘土という観点からみた場合、

何ら差違はない。粘土に還元されてしまえば同じ実体になる。しかし、形状という観点からみた場合、ライオンとネズミとの間には明らかな差違がある。同様に、普通の人はブラフマンとしては神の化身と同一である。最終的な悟りを得れば両者は同じブラフマンになる。しかし、名前と形がある相対界のことはヴェーダーンタ思想でも認めており、ここにおいては、両者に違いがあることは受け入れられるのである。バガヴァッド・ギーター（第四章六〜八節）によれば、ブラフマンは霊的危機の時代において、マーヤーと呼ばれる自身の不可思議な力によって人間の体を身にまとう。ブラフマンは生まれることがなく、不変で、あらゆる生き物の主であるにもかかわらず、あらゆる時代において善人を守り、悪人を罰するために、人間の体に化身するのである。

［出典：Sri Ramakrishna, The Great Master, by Swami Saradananda (Madras: Sri Ramakrishna Math), vol. 2, 1979; Ramakrishna and His Disciples, by Christopher Isherwood (London: Methuen & Co., Ltd.), 1965; Life of Swami Vivekananda, by His Eastern & Western Disciples (Calcutta: Advaita Ashrama), vol. 1, 1979; The Complete Works of Swami Vivekananda（Mayavati: Advaita Ashrama）, vols.VI & VII, 1968-69］

スワーミー・アドブターナンダ

第二章　スワーミー・アドブターナンダ

スワーミー・アドブターナンダ（?～一九二〇）またはラートゥ・マハーラージは、無学の素朴な羊飼いの少年だった。彼がドッキネッショルで師といっしょに暮らして以来、師が亡くなられるまで、ラートゥはほぼずっと師にお仕えした。それだからラートゥの回想は、詳細で洞察力に富んでいるという点で、特別な価値を持っている。

一八八三年四月一一日は、師の誕生日であった。師は私に沐浴のため、ガンガー（ガンジス河）の水を運んでくるようにと頼まれた。師は水さし一ぱい分の水で沐浴され、その後カーリー寺院に行かれた。私たちのうち何人かは台所で仕事をしなければならなかった。当時ドッキネッショルでは、一〇〇人から一五〇人が食事をとっていた。そして、残った食事は貧しい人びとに配られた。マノモハン・バーブがコンナガルからキールタンの一行を連れてきて、師が彼らといっしょにおうたいになった。後で師は私たちにパンチャヴァティで師といっしょになるように頼まれた。師はその日私たちに、師はただのサンニャーシー（僧）ではなく、サンニャーシー中の王であると語られた。

あるときドッキネッショルに滞在していたとき、ラカル（スワーミー・ブラフマーナンダ）が病気にかかった。師は彼に「この主ジャガンナータのプラサード（おさがり）を食べなさい。そうすればよくなるだろう」とおっしゃった。主ジャガンナータのプラサードの効果はそのようなものなのだ！　あなたたち世間の人たちはそれを信じない。師はいつも「食事を食べる前にジャガンナータのプラサードをひとかけらか、ふたかけら食べなさい」とおっしゃったものだった。

あるダシャラー祭の日（ガンガーをたたえる特別な祭日）に、師は私たちに母ガンガーを崇拝するように求められた。師はラカルに「母ガンガーは生ける女神である。今日は彼女をあがめなければならない」とおっしゃった。当時ラカルはガンガーを女神であるとはみなしていなかった。師はそのことをごぞんじだったので彼に「ある日ガンガーの土手の近くを歩いている間に、母ガンガーは本当に女神なのだろうか？　と疑った。そのとき、川の真ん中からほら貝の音がはっきりと聞こえた。徐々に音は近づき、私は少年が川を渡ってほら貝を吹き、女神が少年の後を歩いているのを見た。この啓示は私の疑いを完全に吹き消してしまったよ［1］」とおっしゃった。ラカルはこれを聞いて驚き、そして「そんなこととは知りませんでした。ガンガーは舟のこぎ手に汚された、ただの水でできた川だとしか思っていませんでした」と言った。師は「気をつけなさい！　母ガンガーを汚してはならないよ！」と鋭く答えられた。その日からラカルはガンガーを深く尊敬するようになった。

私が師といっしょにパニハティの祭りに参列したのも最初の年(一八八三年)だった。ラカルとバーヴァナートと他の者がラーム・バーブの馬車で行った。他の大勢の信者たちも参加した。ナバディープ・ゴースワーミーがそこにいて、師は突然彼といっしょにうたいはじめられた。私たちは皆、師がバーヴァ・サマーディに入られるのを見て驚いた。師の呼吸が止まり、顔や目や手のひらまでが赤くなられた。このような恍惚としたムードになっておられるのを見て、大勢の人たちが師の足のちりを拾おうと押し寄せた。私たちは窮地に陥った。皆師に触れたがり、私たちがそれをやめさせようとしても無視した。それで一騒動になった。

ラーム・バーブは私に「レト、彼らを止めようとしてはいけないよ。人びとに彼に触れさせ、祝福させなさい」と言った。しかし、私は彼に従わなかった。というのは、もしだれかがサマーディに入っておられる師にただ触れるだけで、師はたいへんな苦痛を経験されるということを知っていたからである。

とうとうラカル、バーヴァナート、それに私の三人が地べたから部屋の中まで護衛した。けれども、これらの信者たちに抵抗するのはどんなに難しかったことだろう! 私たちが部屋に向かっているときでさえ、人びとは師の足に触り続けた。そのとき、ラーム・バーブが何をしたかわかるかね? 彼は地面からひとつかみの土をとり、それを師の足に触れてから人びとにそれを配りはじめたのだ。このようにして師は群衆から逃れることがおできになった。

次の年に（実際にはこの訪問は一八八五年になされた）私は師といっしょにパニハティに行った。今回は舟で行った。だれかがホーリー・マザー（シュリー・サーラダー・デーヴィー）にいっしょに行くようにお願いしたが、彼女は断った。師はこのことで彼女をおほめになった。「彼女の知恵をごらん。彼女が私たちといっしょに行くことを断ったので、だれも私たちのことを悪く言うことはないだろう」この時、師は皆といっしょにプラサードをいただき、両手をあげて恍惚として踊られた。

この同じ祭りで師に対して五ルピーのお布施が申し出られた。他の僧たちはたった一、二ルピーだったが（僧に贈り物をするのがインドの習慣である）、師はお金を受けとろうとはされなかった。しかし祭りの責任者はどうしてもお布施をしようとし、そのお金をこっそりラカルに渡した。このお金でラカルは師のためにマンゴーひとかごとお菓子一袋を買った。師がこのことをお知りになり、立腹され、ラカルに「このようなことを二度とするのではないよ。おまえが受けとったということは、私が受けとったことになる。僧は鳥のようでなくてはならない。将来のために何かたくわえておくという事はしてはならない」と警告された。

ドゥルガー・プージャー（女神ドゥルガーの秋の祭り）の二カ月前、私たちは師に従ってカルカッタのパトゥリアア・ガートにあるジャドゥ・マリックの家に行った。私はジャドゥ・マリックにドッキネッショル寺院の隣にあるガーデン・ハウスで会ったことはあったが、彼の家に行ったことはなかった。師は、ジャドゥ・マリックの家の主宰神である女神シンハ・ヴァーヒニーの新しい像を見にこられたのだった。聖堂を訪ねられた後、師はジャドゥ・バーブをお訪ねになった。
ジャドゥ・バーブは大理石のベンチで横になっていた。彼は師にあいさつした。「ようこそ、ようこそ、若いお坊さん。あなたはここにもうあまりこなくなった。でも、今や母がここにいるので、私たちのことを思いだしたのですね？」

これに答えて師は「おまえは、いったいどういう種類の人間なのかね？ 母がここにこられたというのに、私に知らせないとは！」

「若いお坊さん、私はあなたほど母の情報に精通した人間に出会ったことがないよ」ジャドゥ・バーブは答えた。「母は昨日きたばかりだ。それなのにあなたはもう来ている。あなたに知らせる時間があったと思いますか？」

「けっこうだ」師は笑いながらおっしゃった。「さて、どうか母のプラサードを少し持ってきてくれないかね。何ももらわず私たちが帰るのは、吉祥ではないからね」（聖者が家を訪れたときに、家住者が何もささげものをしないのは、不吉であると考えられていた）。

それでもベンチに座ったまま、ジャドゥ・バーブはだれかに少しプラサードを持ってくるように命じた。そしてそれはすぐになされた。師が帰ろうとされたとき、ジャドゥ・バーブは「私の母にあいさつしていきませんか？」と言った。

それで師は「ジャドゥのお母さん、こんにちは！ 水を一ぱい持ってきてくれないかね？」ジャドゥの母親はコップを持って降りてきた。師はそれを取られ、一口お飲みになった。

師が馬車にもどられたとき、信者たちは言った。「師よ、もうこんな金持ちの家にくることはございません。なぜ彼をお訪ねになるのですか？　彼はあなたに座ってくださいとすら言わなかったではないですか。なぜそんな侮辱にあわなければならないのですか？」

師は答えられた。「彼らは世俗の人びとだ。彼らはいつも世俗のことを欲している。けれどもそうした世俗的な考えの合間に母を礼拝する。おまえたちはそれすらしていない。どうしておまえたちが彼が私に座ってくださいと言ったとか言わなかったとかで頭を痛めなければならないのかね？おまえたちは母を訪ねてきた。おまけに母のプラサードもいただいた。それだけで十分ではないかね？　他のだれがあんな普通ではない時間に訪ねて行って、おまえたちにプラサードを与えるかね？

おまえたちは彼が座ってくださいと言わなかったことで、ただジャドゥのところに、腹を立てにきたのかね？」

ジャドゥ・バーブのことを悪く言っていた信者たちは静かになった。このようにして師は私たちのことを試されるのだった。「もしおまえがサードゥ（聖者）になりたいと思うのなら、自尊心を捨てなければならないよ。尊敬されているかいないかは、気にしないようにしなさい」とおっしゃったものだった。

ある日、師はジャドゥ・バーブに「おまえはこの世のためにこんなに蓄えている。次は何を得ようというのかね？」とおっしゃった。

ジャドゥ・バーブは答えた。「若いお坊さん。あなたが私のために別の世のことの面倒を見てくれる。死の瞬間、あなたが私を救ってくれる。私はそれまで待っているのです。もしあなたが私を解脱させなければ、あなたの『堕落した者の救い主』という呼び名が損なわれるだろう。だから、あなたは私が死ぬとき、私のことを忘れるわけにはいきませんよ」

ジャドゥ・マリックはたくさんお金を持っていたが、もっと欲しいという願望を捨てることができなかった。別の機会に師は彼に、「ジャドゥ、おまえはそんなにたくさんお金を蓄えたのに、もっと欲しがっている」とおっしゃった。

ジャドゥ・バーブは、「この願望は捨てられないのです。あなたは母への願望を捨てることができない。それと同じように、私のような世俗的な人間は、金に対する欲望を捨て去ることができない。どうして私が金のことを放棄することができますか？ あなたがこの世のものをすべて捨てて神を渇望するように、私も彼の富をもっともっと欲しがる乞食なのです。この世の富もまた彼のものではありませんか？」と答えた。

師はこの理屈を聞かれてたいへんお喜びになった。「もしおまえがこうした態度を続けるならば、何も心配することはない。しかしジャドゥ、教えて欲しい。おまえはこのことを真剣に言っているのかね？」

ジャドゥ・バーブは、「若いお坊さん、私があなたに隠し事ができないことは、あなたもご存じでしょう」と答えた。

別の機会に師はジャドゥ・バーブに「おまえは神の御名を唱えていたものだったが、今や彼のことを思っていないように見える。これはどうしたことかね？」とおたずねになった。

ジャドゥ・バーブは、「あなたを知ってから、私は神に呼びかける必要を感じなくなったのですよ。それに、もし私が神の御名を唱えると、心が世俗のことに集中することができなくなります。だから私は自分の財産の面倒をみるために主のことを無視しているのです」と答えた。

師は「ジャドゥ、そこまで離れて行ってはいけないよ。なぜ石臼につながれた牛のようであっていいということがあるのかね？」とおっしゃった。

ジャドゥ・バーブは、「それは私の過去の行為の結果です」と答えた。

師は私に多くのことを教えてくださった。ときどき師は私を意図的にロレン（ナレン、のちのスワーミー・ヴィヴェーカーナンダ）のもとに送られた。しばしば師はギリシュ・バーブ（ギリシュ・ゴーシュ）とロレンが論争するように仕向けられた。けれども、ロレンは力強く、だれに挑戦することも恐れなかった。彼はいろいろと議論した。私はそれを師にすべてお伝えした。ときどき師は私を試された。あるとき師は、「ロレンはこんなことを言ったのに、おまえは黙っていたのかね？」とおっしゃった。

私は「私が何を知っているというのですか？　どうやってロレンと張り合うことができましょう

か？」と答えた。

師は、「おまえは、ここ（師ご自身のこと）からたくさんのことを聞いている。それなのに、何も言わなかったのかね？　おまえは彼に、もし神がこの世をお創りにならなかったのなら、だれが創ったというのでしょうか？　と言うべきであった」とおっしゃった。

「ロレンは、この創造は自然作用であると言っています」と私は答えた。

師は、「自然が創造を行うということがあり得るのかね？　もし結果があるなら、その前に原因があるはずだ。この創造の背後には、強力な存在が実在するのだ」とおっしゃった。

君、師が私をこの世の誘惑から救ってくださったことを知っているか？　私は孤児だった。師は私に惜しみない愛情をそそいでくださった。もし師が私を受け入れてくださらなかったら、私は動物のように、一生を奴隷のようにあくせく働いてすごしたことだろう。私の人生は無意味であっただろう。私は文盲だ。師はいつも私に、「いつも心を非の打ち所がない状態にしておきなさい。不純な思いがまぎれ込まないようにしなさい。もしそのような思いがおまえを苦しめたなら、神に祈り、神の御名を唱えなさい。神がおまえを守ってくださるだろう。もしそれでも心が静まらなければ、母の寺院に行き、母の前に座りなさい。さもなくば、（師ご自身を指さして）ここにきなさい」とおっしゃった。

あるとき、ドッキネッショルである信者がひどいふるまいをした。私はがまんできずに彼をしかり、彼はひどく傷ついた。師はその信者がどんなに苦しんだかをお知りになり、信者が去った後私に、「ここにくる信者に厳しい言葉を言うのはよくないよ。彼らは世俗の問題に責めさいなまれている。もし彼らがここにきて、欠点があるからといって叱られるのなら、どこに行けばよいのかね？　聖なる仲間たちの前では、だれに対しても、決して厳しい言葉を言ってはいけないよ。だれに対しても、他の人に苦しみを与えるようなことを言ってはいけないよ」とおっしゃった。

次に師が何をおっしゃったか、わかるかね？「明日この男を訪ねて、今日おまえが言ったことを忘れられるように、彼に話しなさい」。それで次の日、私は彼を訪ねた。私のプライドは謙虚になり、私は非常にやさしく話した。しかしながらもどると師は、「おまえは私からよろしくということを伝えたかね？」とおっしゃった。

師の言葉に驚いて、伝えていないと言うと、師は、「彼のところにもう一度行って、私からよろしくということを伝えなさい」とおっしゃった。

それで私はふたたびその男のところに行き、師のあいさつを伝えた。するとその信者は、わっと泣きだした。私は彼が涙を流しているのを見て感動した。またもどったとき、師は「これでおまえの過ちは許された」とおっしゃった。

ある日、ギリシュ・ゴーシュが合掌した手をひたいの前にあげ、師にお辞儀をした。師はすぐに腰をまげてお辞儀をされ、あいさつを返された。ギリシュはふたたびあいさつした。師はギリシュ・

バーブにもっと深くお辞儀をされた。とうとうギリシュ・バーブが師の前で地面にまっすぐひれ伏すと、師は彼を祝福された。後になってギリシュ・バーブは、「今回主は世界をお辞儀によって支配されにきた。クリシュナとしてお生まれになったときは、フルートによってであり、チャイタンニャとしてお生まれになったときは、御名によってであった。しかし、今回彼の強力な化身の武器は、お辞儀だった」と言った。師はいつも、「謙虚であることを学びなさい。エゴはそのようにして取り除かれるのだ」とおっしゃった。

ある日、ハズラは師に、「ゴダドル（シュリー・ラーマクリシュナの別名）、あなたは正しい方向に進んでいない。もしこのようなことが続けば、人びとはほどなくあなたを尊敬しなくなるだろう。少なくとも、彼らに何か示したらどうかね！　私のように、じゅずを数えてはどうかね？」

これには師は声を立てて笑われた。師はハリシュとゴパールとラカルを呼ばれ、「ハズラが私にどんな助言をしたか、わかるかね？　やつは私にじゅずを数えるようにと言ったのだ。しかしね、私は今やそんなことはできないのだ。それでも彼は、もし私がじゅずを数えないと、人びとが私を尊敬しないと言うのだよ」とおっしゃった。

ハリシュは、「彼の言葉を気にとどめてはなりません。彼はただの愚か者です」と言った。

師は、「そんなことを言ってはならない。聖なる母が彼を通して話しているのだ」とおっしゃった。

ハリシュは驚いた。「なんと？　聖なる母がハズラを通して話しているというのですか？」

師は、「そうだ。母はこんな具合にメッセージを伝えるのだ」とおっしゃった。

それにもかかわらず、ハズラの心は少しねじれていた。ジャパムを実践しながら彼は世俗のことを考えていたので、全然進歩しなかった。しかし彼はロレンにすがってこの世のわなを抜けだした。師がハズラを祝福したのは、ロレンが強硬に主張したためだった。師が亡くなられた後、ハズラは自分のことを師すらしのぐ偉大なアヴァターだとみなし始めた。

ある日、ハズラは師の足をマッサージしたいと願った。しかし、師はお許しにならなかった。ハズラは傷ついた。彼は部屋を去り、外に座ってたいそう不機嫌であった。とうとう師は彼を呼びもどされた。彼が師に仕えたのは、その日だけだった。

別の機会にハズラは寺院を訪れた人びとに教えを垂れたいと思った。彼らが師に会いにくると、ハズラは彼らに、「今日シュリー・ラーマクリシュナはここにはいない。この部屋にただ座って何が得られるかね？　きて私の言うことを聞くがいい」と言った。しかし、だれも彼のところに行かなかった。

ロレンはハズラの親友だった。ハズラはロレンのためにタバコを準備し、彼と長い間議論した。ロレンはよく「本当にあなたはすばらしいシッダープルシャ（完全な魂）だ。ついに私はいつもじゅずを数えているまれな魂を見つけた。あなたのじゅずはとてもすばらしい。こんなに大きく、輝くじゅずだ。あなたのような人はいない」といってからかった。

そうするとハズラはうぬぼれで膨れ上がって私たちに、「おまえたち俗人には、私を理解することはできない。たとえ、シュリー・ラーマクリシュナであってもだ。ただロレンだけが私のことを知っている」と言ったものだ。彼のうぬぼれを見よ。人はこのように堕落するものなのだ。彼はいつも「ソーハム、ソーハム」(われはブラフマンなり)と唱えた。師はいつも私たちに、「ハズラと付きあってはいけない。おまえたちの道は信仰の道なのだ。そんな無味乾燥な知識がおまえたちになんの益があるのか?」とおっしゃったものだ。

私がはじめてバララーム・バーブに会ったとき、私は彼がベンガル人だとはわからなかった。彼はまるでパンジャーブ地方のシーク教徒がいつもするようにターバンを頭に巻き、長いつえを持ち、布を重ねた長いたけの服を着ていた。彼はひげも長かった。ときどき私たちは彼の家に行った。師はいつも「バララームの家はカルカッタの私のとりでであり、居間である」とおっしゃったものだ。

バララーム・バーブは家で毎日主ジャガンナータの礼拝を手配した。師は、そこの食べ物はとても純粋であるとおっしゃられた。私は、師が彼の家に一〇〇回行き、バララーム・バーブは師の訪問を記録し続けた、と聞いている。バララーム・バーブは、ドッキネッショルにもしばしば訪れた。師はかつて彼がシュリー・チャイタンニャに率いられたキールタンの一団の中にいるのをごらんになられたそうだ。

バララーム・バーブは師を家の中の居室(女性たちの居室)に案内したものだった。しかしながら、彼のいとこであるハリバラブ・バーブはこれに賛成しなかった。ギリシュ・バーブとハリバラブ・バーブは親しかったので、ギリシュ・バーブはそのことを知った。ある日、師がバララーム・バーブの家に行かれたとき（実際には、シャーンプクル・ハウス）、ギリシュ・バーブはハリバラブ・バーブに師に会いに行くよう声をかけた。二人（師とハリバラブ・バーブ）とも泣きだした。私にはわけがわからなかった。後日私は理由を知るためにチュタックにいるハリバラブ・バーブを訪ねたが、彼は理由を明かさなかった。

バララーム・バーブは収入の中からお金を蓄え、僧たちに奉仕するために使った。親戚は彼のことを守銭奴であると思っていた。私は彼がとても金持ちであることを知らなかった！ある日、私は彼が狭いベッドに寝ているのを見て、「なぜもっと広いベッドを使わないのですか？これはあなたには狭すぎます」と言った。彼がなんと答えたか、わかるかね？「この地上の肉体は、いつかは土くれにもどる。聖なる人びとに奉仕するという、よりよいお金の使い道があるというのに、どうしてベッドなどにお金を使うことができようか？」

ある日、バララーム・バーブは師のために馬車を借りた。カルカッタからドッキネッショルまでの料金は、わずか一二アナ（四分の三ルピー）だった。そんな安い馬車だったので、師は散々な目に会われた。途中車輪がはずれ、馬も言うことをきかなかった。むち打てば駆けだすか、そうでなければ動こうとしなかった。師がドッキネッショルにたどり着かれたのは、深夜になってからであった。後に師はこのでき事について、よく冗談をおっしゃられたものだった。

カーリー・プージャーの祭りの日には母の寺院とチャンドニ（川から寺院の庭への入り口にある屋根付きの玄関）は灯火で飾られたものだった。ラムラル・ダッタは、寺院で礼拝が始まる前に師の祝福を求めてきたものだった。日中の間は師は自室にとどまり、夜の間だけ母を訪ねられるのだった。音楽が一晩中、音楽塔で演奏されていた。

ある年、カーリー・プージャーが土曜日（母を礼拝するのに吉祥の日）に当たっていた。師は私たちに「今日はジャパムを行いなさい。今晩のように吉祥の日にジャパムを行う者はだれであれ、すぐに完成にいたるだろう」とおっしゃった。師は私たちが夜眠ることをお許しにならなかった。師は遅い時間までうたっておられた。

ジャガダートリー・プージャーの日に、私たちは師とともにマノモハン・バーブの家に行った。あるとき、音楽家たちが太鼓をとても美しく演奏し、師はサマーディに入られた。

師はドッキネッショルの村の信者の家で演じられたヤーットラー（屋外で演じられる劇）を見に行かれた。バーブラームとラムラル・ダーダー、それに私がいっしょだった。主演の男優は善良な人物で、師に暖かくあいさつした。次の日、その男優はカーリー寺院にやってきて、師のために美しい歌をたくさんうたった。後で師は彼に、「おまえの人生の目的は、そのような歌を作ることで成就するだろう」とおっしゃった。師はラムラル・ダーダーに歌の歌詞を書き写すようにお願いされた。

別の機会に、ヤーットラーのいっこうがドッキネッショル寺院にやってきた。私は劇が演じられるのを一晩中見た。師もそこにいらっしゃった。物語は、ある女をたいへん愛した男が地面にトンネルを掘って彼女に会うことができた、というものであった。愛の力を見よ！　師はよく、三つの愛着を一つにすることができれば、神を悟ることができる、とおっしゃった。（すなわち、貞節な妻の夫に対する愛情と、母の子に対する愛情と、よくばりな金持ちの富に対する愛情とを束ねた力で人が神を愛するならば、人は必ず神を悟ることができるのだ）。

師が病気にかかられたとき、医師のマヘンドラナート・ポールが師を診察しにきた。去る前に彼はラムラル・ダーダーに師のために五ルピーを渡した。師はこのことをご存じらなかった。その夜、師はベッドでのたうちまわられた。私は師を長い間あおいだが、それでも師は落ちつかれなかった。ついに師は私に、「どうかラムラルを呼んでおくれ。あの悪党めが何かをしでかしたに違いない。そうでなければ、どうして眠ることができないのかね？」とおっしゃった。そのとき深夜の一時か二時ごろだった。ラムラル・ダーダーが到着するやいなや、師は「この悪党め。私の名前で金をおまえに与えた男のところにいって、金を返してこい」とおっしゃった。それでラムラル・ダーダーは師にぜんぶを話した。その日、私はラムラルといっしょにマヘンドラナート・ポールの家に行き、寝ている医者を起こしてお金を返した。

ラーム・バーブは師のためにジリピ（揚げ菓子）を一かご買った。しかし、ドッキネッショルに行く途中、かごから一個を取ってある少年にやってしまった。師はそのジリピを食べることがおできにならず彼に、「おまえが私のために持ってくるものを少しでもだれかにあげるような事はしないでおくれ。そうなった後では母にお供えすることができないから。おまえも知っての通り、私はまず母にささげない限り食べることはできないのだ」とおっしゃった。

師が腕をけがされてからしばらくたって、ターラク（スワーミー・シヴァーナンダ）がドッキネッショルにやってきた。彼は師のためにブリンダーバンからプラサード、聖なる粘土、聖なるちり、それにじゅずを持ってきた。彼は師の腕に巻かれた包帯に気づき、師に「腕をどうされたのですか？」とたずねた。

師は、「月を見に行き、足が低い柵《さく》ですべって、腕をけがしたのだ。まだ痛いのだよ」とお答えになった。

ターラクは、「脱臼ですか、骨が折れたのですか？」とたずねた。

師は、「わからない。そこの人は、ただ腕に包帯を巻いたのだ。私は母の御名を心の中でくつろいで唱えるのが好きだ。けれども、この災難をごらん。彼らは私に包帯をはずすことすらさせないのだ。こんな痛々しい状態で母に呼びかけることができるかね？ときどき私はこの包帯は、まったくの無意味だ！と思う。これらの束縛から解き放たれ、聖なるものと一体になりたいと思う。それからまた、私は、いや、これは聖なる御遊びの別の側面である、と思い返すのだ。こうした状態の中に、ある種の喜びもあるのだ」とおっしゃった。

ターラクは師に、「あなたがただ望みさえなされば、あなたは癒やされるでしょう」と申しあげた。師は、「なんと！　ただ望むだけで癒やされるだと？」と叫ばれた。それから師はしばらくの間沈黙され、そして「いや、この痛みからくる苦難はよいことだ。というのは、欲望を持ってここにくる人たちは、私が陥った状態を見て、去っていくだろうから」と付けくわえられた。それから師は、「母よ、あなたは巧妙な手品を演じられた」とおっしゃった。それからうたいはじめられた。ほどなく師はサマーディにお入りになった。

兄弟弟子のニランジャン（スワーミー・ニランジャナーナンダ）が最初に師のもとにやってきたとき、師は彼に「ねえ、おまえ、もし人がある人に九九のよいことをし、一つ悪いことをしたとする。すると、人は一つの悪いことを覚えていて、後のことは忘れてしまう。しかし、神に九九の悪いことをして、一つよいことをすると、神はよい一つのことを覚えておられ、後のことはすべて忘れてしまわれる。これが人間の愛と神の愛との違いだ。覚えておくがいい」とおっしゃった。

ある日、師が法悦に浸ったままニランジャンに触れられた。すると、ニランジャンは三日三晩目を閉じることができなかった。彼はその間ずっと光のヴィジョンを得て、主の御名を唱え続けた。師のもとにくる前は、彼は降神術に興味を持ち、霊媒の役を務めていた。師は彼に「ねえ、今回おまえに取りついた霊は、ただものではないよ。本当の聖霊がおまえの肩に飛び乗ったのだ。どんなにしたって、彼を取り除くことはできないよ」と言ってからかわれた。

ある日、ある男が師の部屋にやってきて世俗のことを話した。師は、「ここはそんなことを言う場所ではない。どうか、寺の管理事務所に行っておくれ」とおっしゃった。男は部屋を去った。それから師は私に「ガンガーの水をまいておくれ。あの男は肉欲と金の奴隷だ。彼が座ったところの七キュービット下まで汚されている。しっかり水をまくのだよ」とおっしゃった。

ある日、私たちは師といっしょにバドラカリ（ドッキネッショルからガンガーを渡った対岸）に、ある学者の話を聞きに行った。しかしながらその男はたいへんばかげたことを言い、聴衆は混乱した。師は彼に「たいへんなタパッスヤー（苦行）を行なって人は神への誓約を果たす。けれども、おまえのような学者は神に対する疑いを作りだす。いったいどんなことを学んできたのかね？」とおっしゃった。

その学者は落ちつかないようすで、「いえいえ。本気で申しあげたのではありません」と言った。師はそれで、その男は単に偉大な学者であるふりをしていただけであることをお知りになったのだった。師はその男の体に触りながら「おまえの心はまるで日に焼かれてからからになった木片のようにひからびている。そんなにたくさんの聖典を読んだのに、見せかけのことを話すことしか覚えなかったのかね？」とおっしゃった。その学者はまごつき、ついに立ち去った。師はひからびた知識人をそのようにあしらわれたものだった。

ある日、ギリシュ・バーブがたいそう酔っぱらってドッキネッショルにやってきた。師は私に「行って彼が馬車に何か残していないか、見てきておくれ。もし何か見つけたら、ここに持っておいで」とおっしゃった。

私は言われた通りにし、ワインの瓶とグラスを見つけた。私は両方を師のところにお持ちした。信者たちはワインの瓶を見たとき、笑いだした。しかし師は私に「瓶を彼のためにとっておきなさい。彼は最後のいっぱいを楽しみにしているだろう」とおっしゃった。どれほど師が信者に対して寛大であられたかを見よ！

ある晩、ギリシュ・バーブがカリパダ・ゴーシュといっしょにやってきた。カリパダは大酒飲みだった。彼は家族に金を渡さず、そのかわりワインに使っていた。しかし、彼の妻はたいそう純粋だった。私は、何年も前に彼女が夫の性癖を変える薬を求めて師を訪ねてきたと聞いている。師は彼女をホーリー・マザーのもとにやった。ホーリー・マザーは彼女を師のもとに送り返した。師はふたたび彼女をホーリー・マザーのもとにやった。この行き来は三回続いた。ついに、ホーリー・マザーは主にささげられたベルの葉に師の御名を書き、カリパダの妻に、主の御名を唱えるようにと教えてその葉を与えた。

カリパダの妻は一二年間主の御名を唱えた。師が初めてカリパダにお会いになったとき、師は「この男は自分の妻を一二年間も苦しめた後に、ここにきたのだよ」とおっしゃった。カリパダは驚いたが、何も言わなかった。

それから師は彼に「何が欲しいのかね?」とおたずねになった。

カリパダは厚かましくも、「少しワインをいただけませんか?」とねだった。

師はほほえんで、「ああ、いいとも。だが、私のワインはとても強いので、おまえには耐えられないだろう」とおっしゃった。

カリパダは師の言葉を文字通りに受け止め、「それは本物の英国製のワインなのですか? どうか、少しのどを潤させてください」と言った。

「いや、英国製のワインではないよ」師はなおもほほえみながらおっしゃった。「それは、まったくの自家製だ。このワインはだれにでも与えるというわけにはいかない。というのは、だれもがそれに耐えられるわけではないからだ。もし人が一度でもこのワインを味わうと、英国製のワインなど、永久に味気ないと思うようになるだろう。おまえは他のワインでなく、私のワインを飲む用意はあるかね?」

カリパダはしばらく考え込み、それから私は彼が「どうか、一生酔っていられるそのワインを私にお与えください」と言うのを聞いた。師は彼にお触りになられた。すると、カリパダは泣き始めた。私たちは彼をなだめようとしたが、どんなに努力してもカリパダは泣き続けた。

あるとき、師はカリパダといっしょにボートでどこかに出かけられた。二人がボートに乗っている間、師はカリパダの舌にマントラをお書きになった。後に、カリパダは偉大な信者となり、師に仕えた。見よ！　もし妻が純粋で愛情があれば、夫のために苦行するのだ。カリパダが救われたのは、妻のおかげなのだ。

私は師に従って劇場に行ったものだった。そこでギリシュ・バーブは師に多大な敬意を示した。彼は師のために上階のボックスシートを用意し、師をあおぐための人を雇った。ギリシュ自身がしばしば上階にきて師にあいさつするのだった。あるとき、ギリシュ・バーブはたいそう酔っぱらって師に愛情深く、「あなたは私の息子にならなくてはなりません。今生で私はあなたによくお仕えすることができませんでしたが、もし私の息子に生まれ変わっていただけるなら、私はそうすることができます。どうか、私の息子として生まれるとお約束ください」と言った。

師は「何を言っているのだね？　なぜ私がおまえの息子として生まれなければならないのだ？」とおたずねになった。すると、ギリシュはたいへん怒り、師を厳しく非難しはじめた。ひどく師をののしったのを聞いて、私は怒りを抑えることができなくなった。私は手につえを持ち、今にもギリシュ・バーブをぶちのめしそうになった。しかし、デヴェン・バーブが「師がこれらすべてのことを耐え忍んでおられるのに、なぜつえを振りあげるのだ？」と言った。デヴェン・バーブがそう言わなかったら、私はギリシュ・バーブに激しく打ちかかっていたに違いない。私はそれほど怒っていた。

ドッキネッショルにもどる途中、デヴェン・バーブが師に私がすんでのところでやらかしそうになったことについてお話しした。師は「おまえがギリシュをぶっていたら、とんでもないことだったぞ。おまえは気がつかなかったのか？ ギリシュは悪態をついた後、私が馬車に乗るときに地面にひれ伏して、私の足のちりを拾ったのだぞ。彼の信仰を見なかったのか？」と叫ばれた。そして、道の途中、師は何度もくり返し、「おお、母よ。ギリシュは役者です。どうして彼があなたの栄光を知りえましょうか？ 母よ、彼を許したまえ」と祈られた。

信者たちはこの劇場におけるでき事を知り、多くの者が師に対し、ギリシュのところに行くべきではないと申しあげた。ラーム・バーブもこのことを聞きつけ、翌日ドッキネッショルにやってきた。彼が部屋に入るやいなや、師は彼に「ラーム、ギリシュについて何か言うべきことはあるかい？」とたずねられた。ラーム・バーブは、「師よ、大蛇のカーリヤはクリシュナに『主よ、あなたは私に毒しかお与えになりませんでした。どこであなたにささげる甘露を得ることができましょうか？[2]』と言いました。ギリシュについても同じことです。どうしてそんなことを聞かれるのですか。彼のことを怒っておいでなのですか？」と申しあげた。

師は「それでは、おまえの馬車でギリシュのところに連れて行っておくれ」とお答えになられた。そして、ラーム・バーブと私と他に二人が師に従ってカルカッタのギリシュ・バーブの家に向かった。

この間、ギリシュ・バーブは深く後悔していた。彼は食事をとることを拒み、大泣きに泣いていた。夕方少し前に私たちが彼の家に着いた。師がこられたと聞き、ギリシュ・バーブは目に涙をためて師に近づき、師の足もとにひれ伏した。師が「もうよい、もうよい」とおっしゃられるまでずっとひれ伏し、ようやく起き上がった。

続いて長い会話が交わされた。私は、ギリシュ・バーブが「師よ、もしあなたが今日おいでにならなければ、私はあなたが賞賛も非難も等しい最高の知識を得た境地にはまだ到達しておらず、あなたをパラマハンサ（最高の悟りを得た魂）と呼ぶことはできないという結論に達していたでしょう。私はあなたのことを私と同じく普通の人間であるとみなしたでしょう。しかし、今日私はあなたが至高の存在であられることを理解いたしました。もはや、それを私に隠しておくことはできません。私はもう決してあなたを見離すことはいたしません。私の福利はあなたの手に委ねられています。どうか、私のことについて責任を負っていただき、私を救ってくださるとおっしゃってください」と言ったことを覚えている。

ケシャブ・バーブ（ブラーフモーの指導者）が重い病気にかかったとき、師は彼を見舞いに行かれた。ケシャブは師がいらっしゃったと聞いて二階から下りてきた。ケシャブの病気が重いのをみて師は「今回は私は母の御心がわからない」とおっしゃった。三〜四カ月たたないうちに、ケシャブ・バーブは亡くなった。

それより以前にケシャブ・バーブが病気になったとき、師は彼の回復を願って女神シッデシュワリにグリーン・ココナッツと砂糖をささげると誓われた。ケシャブ・バーブが回復したとき、師は聖母シッデシュワリに約束のささげものをささげられた。

ケシャブの弟子たちが年に一度の祝祭のときに、師をシンティのガーデンハウスに招いた。多くの有名人がやってきた。そこで私はシヴァナート・シャーストリーに会った。彼は師にたいそう愛されていた。師は彼について「大麻吸いが大麻吸いに会ったとき、幸せに感じるものだ。それと同じように私も幸せなのだ」とおっしゃった。しかし、シヴァナートは師を避けていた。ある日、彼はドッキネッショルに行くと言ったが、約束を守らなかった。師は「彼はくると私に約束したがこなかった。これはよくない。人は約束をたがえるべきではない。誠実がカリ・ユガ（現在の時代）におけるタパッスヤー（苦行）である。真実に固執しない者は、神を悟ることはできない」とおっしゃった。

あるとき、師はシヴァナートに「おまえは私の頭がバランスを欠いていると言ったというのは本当かね？　朝も夜もおまえはこの世のことばかり思っているのに、自分の頭は正常であると考え、私は朝も夜も神のことだけを思っているのに、おまえは私の頭がバランスを欠いていると考えるとは！」とおっしゃった。

師はある日、マニ・マリックに「おまえはどうしてそんなに勘定するのだ？　信者は稼いだ金をすべて使わないといけないのだ」とおっしゃった。マニ・マリックがドッキネッショルを訪れるとき、師は「おまえはどのようにしてここにきたのだ？」とおたずねになるのだった。マニ・マリックは家からガランハータまで徒歩で行き、そこで乗合馬車でボラノゴルまで行き、そこから徒歩でドッキネッショルにきたものだった。ある日には、彼の顔は日で焼けていた。師は彼に「なぜそんなたいへんな思いをしてここにくるのだ？　ここまでずっと馬車で来ればよいではないか？」とおたずねになった。

マニ・マリックは「私が一頭だての馬車に乗ったら、子どもたちは二頭だての馬車に乗ることが必要だと思うようになるでしょう。それにあなたは、有徳の家住者は、子どもたちと慈善のために金を蓄えるべきである、とおっしゃったではありませんか」と答えた。

あるとき、マニ・マリックは巡礼からもどり、師に「聖地でいく人かのサードゥ（出家した修業者）たちが、ひっきりなしに施しを求めているのを見ました」と話した。

師は、「おまえは、サードゥたちが一、二パイサのお金を求めたからといっていらいらしたのかね？　人は、そんな態度で巡礼に行くべきではない。巡礼の間、人は惜しまず施しをしなければならないのだ。サードゥはお金を儲けない。だから、人はサードゥに数ルピーの施しをすべきなのだ。おまえたち世俗の人びとはこの世のよいものをすべて味わいつくしたいと願い、サードゥは放棄したまま置き去りにする。おまえたちは、彼らがかすみを食って生きるものだと思っているのだ」と答えられた。

あるとき、ラカルの生まれ故郷の村で干ばつがあった。そこで師はマニ・マリックにため池を掘るように頼まれた。マニ・マリックは貧しい子どもたちの教育のために寄付もした。

ある日、師は彼に「おまえも年を取ったのだから、この世のことは忘れ、神を瞑想しなさい。人は心から神を瞑想すべきである。そうすると、信愛が育てられるから」とおっしゃった。

マニ・マリックは息子が亡くなったとき、悲しみを打ち明けるために師のもとを訪れた。師は一部始終を聞かれた。それから師はうたい始められた。うたい終わられたときには、マニ・マリックの悲しみは融けていた。

私たちはよく師といっしょにショブハバザールにあるアダル・バーブの家を訪ねていた。師は、アダル・バーブの家をカルカッタの「居間」の一つであるとみなしておられた。ときどき、アダル・バーブは自宅で祭事を催し、私たちにごちそうしてくれた。彼の母は、偉大な信者だった。彼女は、季節外れの高価なマンゴーを買って、それをバナナやお菓子といっしょに師に送っていた。師は、これらの贈り物をたいそう喜んで受けられた。あるとき、アダル・バーブの家で師が彼に、「どうか、すっぱいマンゴーを私に贈らないようにしておくれ」とおっしゃった。それで、アダル・バーブは、見つけられる中で最高のマンゴーをお持ちした。師はそれをおおいに楽しまれ、「これは、きっとおまえの母親が選んだものに違いない！」とおっしゃられた。

ある日、私たちはアダル・バーブの家に招かれたが、アダル・バーブはラーム・バーブを招待することを忘れてしまい、ラーム・バーブはたいそう機嫌を損ねた。ラーム・バーブは師に「このように置いてきぼりにされるとは、私がどんな悪いことをしたのでしょうか?」と師に不平を言った。師は彼をなだめようとして、「ねえ、ラーム、ラカルがこれらのことを準備するように頼まれたのだよ。そして、彼は単におまえを招待するのを忘れたのだ。ラカルに腹を立てるべきかね? 彼はただの子どもだよ」とおっしゃった。その後アダル・バーブは自分でラーム・バーブの家に行き、集まりに出席するよう招待した。

私が初めてバンキム・チャンドラ・チャタージー(有名なベンガルの作家)に会ったのも、アダル・バーブの家だった。バンキムはとても知的だった。彼は師を試みようとしたが、結局一本取られて立ち去った。立ち去る際、彼は師に家を訪ねてくださるようにお願いした。けれども彼は招待状を全然送ってこなかったので、師が彼の家を訪れることはなかった。

多くの有名なキールタンのうたい手がアダル・バーブの家にきたものだった。あるとき、チャンディー(聖母の栄光についての聖典)に基づく歌を聞き、深く感動した。

アダル・バーブは毎日ドッキネッショルにやってきて、自分の食事すらいっしょに持ってきた。着いてしまうと、眠ることがしばしばあった。このことで彼を批判する人もいたが、師が彼らになんとおっしゃったか知っているか? 「おまえたちに何がわかるだろうか? ここは聖なる母のおわします場所である。ここは平安が住まうところである。世俗のことを話すかわりに彼は眠る。それでけっこうだ。そのような人びとにも、少しばかりの平安がもたらされるであろう」

ある日、アダル・バーブは師に、「あなたはどのような力をお持ちなのですか?」とたずねた。師は笑って「母の恩寵によって、多くの人に恐れられ、尊敬されている副知事を寝かしつけることができる」とおっしゃった(アダルは副知事だった)。

師はカーリーガート(南カルカッタにある有名なカーリー寺院)にときどき参拝され、信者たちとの交流を楽しまれた。アダル・バーブはそのような機会には師のために彼の馬車を提供した。師はアダル・バーブに馬の背に乗らないように警告しておられたが、彼は言うことを聞かなかった。そして落馬して亡くなった。彼が死んだという知らせを聞いて、師は「私の居間が一つずつ閉じられていく。私の集いに、終わりが近づいているのがわかる」とおっしゃった。

何かとても深い印象を残すような心の状態にある日がある。私は師がサマーディに入られたことを何度も見たことがあるが、特に覚えている日がある。その日、師は私たちにどのようにして神を切望するのかをお示しになられていた。彼はサマーディに入られ、一〇分か一五分の間、そのままの状態であり続けた。全身の色が変わられた。顔には恐れがなく、慈悲に満ち満ちておられた。そのようすを言葉で言い表すことは、私にはできない。今でも私はそのときのことを忘れることができない。

師の逝去

毎晩床につく直前に、師は「ハリ・オーム・タット・サット(まことに、主は唯一の実在である)」

と唱えられたものだった。その最後の晩もコシポルのガーデンハウスで彼はわたしがあおいでいるときにこれを口に出された。夜の一一時近くだった。それからため息をつかれ、サマーディに入られたようにみえた。兄弟弟子のロレン（ナレン、のちのスワーミー・ヴィヴェーカーナンダ）は私たちに「ハリ・オーム・タット・サット」と唱えるように頼んだ。私たちは師がサマーディから降りてこられた一時まで唱え続けた。それから師はでん粉のプディングを少し食べられた。それはシャシー（スワーミー・ラーマクリシュナーナンダ）が食べさせたのだった。突然、師はふたたびサマーディに入られた。これを見て、ロレンは心配になった。彼はゴパール・ダッタ（スワーミー・アドヴァイターナンダ）を呼び、ラムラル・ダッタを連れてくるように頼んだ。

ゴパール・ダッタと私はただちにドッキネッショルに向かい、ラムラル・ダッタは私たちといっしょにきた。彼は師を調べて、「頭のてっぺんがまだ暖かい。どうかキャプテン（ヴィシュワナータ・ウパディヤーヤ）を呼んでください」と言った。

まもなくキャプテンが到着した。彼は私たちに師の体をギー（精製バター）でマッサージするように頼んだ。シャシーが師の体をこすり、ヴァイクンタが師の足をマッサージしたが、無駄だった。その日の朝遅く、ドクター・マヘンドラ（ドクター・マヘンドラ・サルカール）が師を診るためにきて、「師は体を捨てられた」と言った。

ホーリー・マザーは自分を抑えることができなかった。師の部屋に入ってきたとき、彼女は「おお、母なるカーリーよ、あなたが私を見捨てるとは、私が何をしたと言うのでしょうか?」と叫んだ。マザーが嘆き悲しむのを見て、バーブラーム(スワーミー・プレーマーナンダ)とヨーギン(スワーミー・ヨーガーナンダ)が彼女のそばに行き、ゴラープ・マー(シュリー・ラーマクリシュナの女弟子でホーリー・マザーの話し相手)が彼女を彼女の部屋にお連れした。

その間、カルカッタの信者たちがニュースを聞き、一人また一人と集まってきた。師と信者たちの写真が一枚(実際は二枚)撮影された。そのころには午後になっていた。

師の体はひつぎに横たわり、美しく飾られ、コシポルの火葬場まで運ばれた。ラーム・バーブが私にアクシャイ・バーブが火葬場からもどるまでガーデンハウスにとどまるようにと言った。そこで私は残り、他の人たちは行った。ホーリー・マザーが嘆き悲しむのを聞いたのは一回きりであった。その後彼女は静かになった。これほどの強さを持った女性を私は見たことがない。

その夜、私は火葬場に行った。私は多くの人びとがガンガーの土手に静かに座っているのを見た。シャシーは手にうちわを持って火葬用のまきのそばにいた。シャラト(スワーミー・サーラダーナンダ)が彼といっしょにいた。シャラトとロレンはシャシーを慰めようとしていた。私は彼の手を取り、少しでも元気づけようとした。けれども、彼は悲しみのあまり、身動きしなかった。それからシャシーは師の灰と骨を集め、ガーデンハウスに運んだ。それは師のベッドの上に保管された。

翌日、ゴラープ・マーが私たちに、師がホーリー・マザーの前に現れ、彼女がブレスレットをはずすことを禁じられたと語った。師は、「私が別の場所に行ったというのかね？　私はここにいる。私は、ただある部屋から別の部屋に移っただけだ」とおっしゃった。嘆き悲しんでいるものたちがこのことをゴラープ・マーから聞き、疑いを晴らした。「以前通り師に仕えようではないか」と彼らは言った。

ニランジャン、シャシー、ゴパール・ダーダー、それにターラクはその日ガーデンハウスに泊まった。ホーリー・マザーがヨーギンと私に食べ物と師の礼拝をするための品々をカルカッタに行って集めるよう頼んだ。その日の昼、調理された食事が師にささげられ、その後ラームナーム（ラーマの御名）がうたわれた。それからゴパール・ダーダー、ターラクと私を除き、皆は家に帰った。

三日か四日後、ホーリー・マザーはゴラープ・マーとラクシュミー・ディディー（シュリー・ラーマクリシュナの姪）と私とでドッキネッショルに行ったが、夕方までにもどってきた。後で私はその日の昼、シャシー、ニランジャン、ロレン、ラカル、それにバブラームがコシポルにきて、ラーム・バーブが午後に訪ねてきたと聞いた。ラーム・バーブは、ガーデンハウスを明け渡したいと思っており、それで弟子たちに家にもどるよう頼んだ。これを聞いてニランジャンとシャシーは二人ともショックを受けた。というのは、彼らは師への礼拝を続けたいと思っていたからだ。まさにその日の夜、ニランジャンはバララーム・バーブの家に向かった。

次の日、バララーム・バーブはホーリー・マザーを彼の家にお連れするためにコシポルに到着した。彼らは師のさまざまな品々を持っていった。私はゴパール・ダーダーとターラクとともにコシポルにとどまった。皆はガーデンハウスに昼頃やってきて夕方まで滞在した。

ラーム・バーブはカンクルガチにある自分のガーデンハウスに師の遺品をまつり、僧院を作りたいと思っていた。しかし、シャシーとニランジャンはその考えに反対した。二人は彼に遺品は渡さないと言った。ロレンが仲裁しようと試み、「兄弟よ、この骨つぼのことで争うのはよくない。われわれは自分たちの僧院を持っていない。それはよい提案だ。そしてラーム・バーブは師の名前をつけた僧院を喜んで寄進しようとしているのだ。師への礼拝はそこで始めるべきだ。もしわれわれが師の理想に沿った人格を築くことができるなら、この人生の目的を達成することができるだろう」と言った。

私はジャンマーシュタミ（クリシュナの生誕日）の前日にラーム・バーブの家に行き、翌朝行列を作ってそこからカンクルガチまで道中ずっとキールタンをうたいながら歩いて行った。シャシーが頭の上に師の遺灰が納められた骨つぼを載せて運んだ［3］。

奉献の儀式の間、彼らは骨つぼに土をかけ、シャシーが「ああ、師が痛がっておられる！」と叫んだ。そこにいた他の者たちは、彼の言葉を聞いて涙を流した。

師がおなくなりになられた日、ウペン・バーブはコシポルの火葬場の地面でヘビにかまれた。ニッテャゴパールが傷を鉄ごてで焼灼したが、傷はまだ治っていなかった。ウペン・バーブはそれでもキールタンに参加した。彼は聖なる交流がたいへん好きであった。

カンクルガチの儀式の後、ラムラル・ダーダーはドッキネッショルで祝祭を催した。その日はキールタンもあった。ラムラル・ダーダーはホーリー・マザーをドッキネッショルに招待するためにバララーム・バーブの家に行ったが、彼女は断った。けれども、私は祝祭に参加した。

師が亡くなられた後、私は悲しみを感じるので、コシポルに長時間とどまることができなかった。ときどき私はラーム・バーブの家に行き、そこからロレンの家に行ったものだった。ロレンは、師についていろいろなことを詳しく物語ったものだった。私は彼に、「兄弟ロレンよ、私は正直に言うが、師はあなたをとても深く愛していたので、あなたなしでは生きられなかっただろう」と言った。ロレンは笑って、「兄弟よ。気にするな。彼は君とシャシーとラカルをとても深く愛していたので、将来もつねに君たちとともにおられることだろう。君たちみんなと比べて、ぼくはなんとわずかしか彼に仕えなかったことか」と言った。ロレンがどんなに謙虚だったか、見るがよい！

ある日、弟子の一人が「師は私たちを残していかれた」と嘆いた。私はこの言葉を聞いてショックを受けて、「彼は疑い深い人にとっては死んでおられるが、彼を信じている者の中には生きておられる。彼がホーリー・マザーの前に姿を現したことを覚えていないのか？　あなたがその種の信仰を得たとき、彼はあなたの前にも姿を現すだろう」と言った。

［1］シュリー・ラーマクリシュナのヴィジョンは、バーギーラティーが亡くなった先祖たちを救うために、ガンガー

を天上から地上に移したという神話を裏付けるものである。

［2］バーガヴァタムの中で、次のような物語が語られている。カーリヤは毒ヘビで、ヤムナー川の聖なる水を毒で汚し、ブリンダーバンの牛や牛飼いの少年たちを捕食していた。牛飼いの少年たちの友だちであったクリシュナがカーリヤを殺しにやってきた。ヘビはクリシュナに襲いかかったが、クリシュナはヘビの頭に飛び乗った。カーリヤはおびただしい量の毒を吐いた。クリシュナがカーリヤになぜ毒を吐くのかとたずねられたとき、カーリヤは「主よ、毒を私にお与えになったのはあなたです。毒でしかあなたを礼拝することができません。どこで甘露を得ることができましょうか？」と答えた。

［3］実際には、ラーム・チャンドラや他の家住の弟子たちに知られないように、シャシーとニランジャンはひそかにシュリー・ラーマクリシュナの遺骨を二つに分けた。大きい方はバララーム・ボシュの家に運ばれ、後に若い僧たちによって彼らの僧院で崇拝された。最終的には、後年ラーマクリシュナ僧団の本部がベルルに設立され、大きい方の遺骨はそこにまつられた。小さい方はラーム・チャンドラの望み通り、カンクルガチのガーデンハウスに運ばれた。

［出典：Swami Adbhutananda: Teachings and Reminiscences, by Swami Chetanananda (St. Louis: Vedanta Society), 1980］

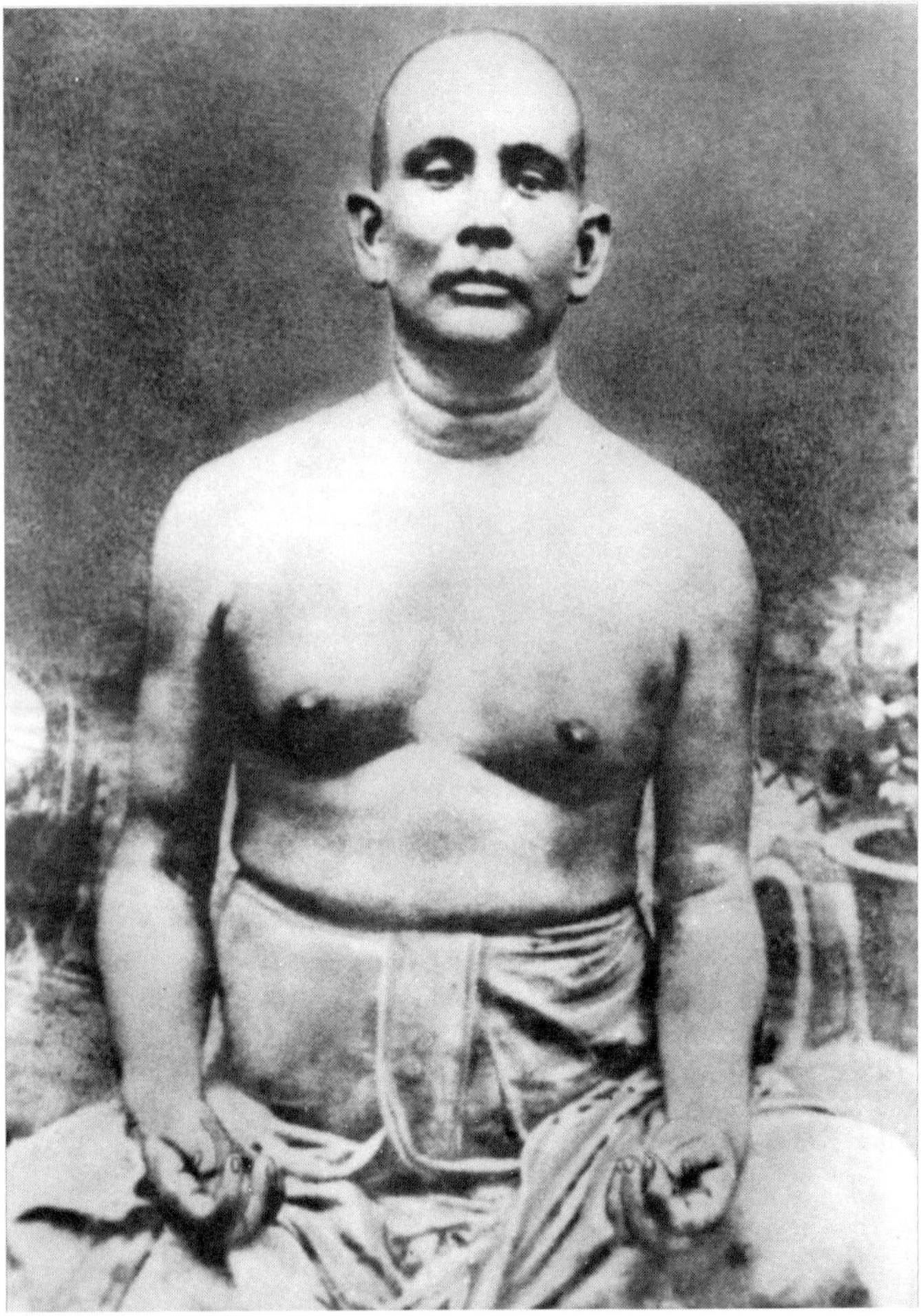

スワーミー・トゥリーヤーナンダ

第三章　スワーミー・トゥリーヤーナンダ

スワーミー・トゥリーヤーナンダ（一八六三～一九二二）はカルカッタで生まれ、僧籍に入る前はハリナート・チャットパーディヤーヤと言う名前であった。トゥリーヤーナンダは少年時代から禁欲的な生活を送っていた。一〇代前半に師シュリー・ラーマクリシュナに出会い、師からは、ギーターの教えである放棄の権化であるとみられていた。トゥリーヤーナンダは一八八七年にラーマクリシュナ僧団に加わり、その後苦行を実践しながらインド中を旅した。一八九九年にヴェーダーンタを述べ伝えるためにアメリカに渡り、北カリフォルニアにシャーンティ・アーシュラムを設立した。一九〇二年にインドにもどり、瞑想的な生活を送った。彼の人生は、彼と触れあった人すべてにインスピレーションを与えた。

シュリー・ラーマクリシュナとの初めての出会い

私はバグバジャルのディーナナート・ボシュの邸宅で初めてシュリー・ラーマクリシュナにお会いした。それは、はるか昔のことであった。当時、師はたびたびサマーディ（神との合一）に入っておられた。そのころケシャブ・チャンドラ・センが師と知り合いになった。ディーナナートの兄弟であるカリナト・ボシュは、そのケシャブ・センの信奉者だった。そしてたまたまシュリー・ラーマクリシュナに会い、たいへん感銘を受けた。そこでカリナトは、シュリー・ラーマクリシュナを家に招いてほしいと兄弟のディーナナートに頼んだ。それが、師がバグバジャルをお訪ねになったいきさつである。私たちは皆若く、一三歳か一四歳だった。シュリー・ラーマクリシュナはパラマハンサだと言われていたので、パラマハンサのお越しは皆の話題になっていた。私は何人かの少年とともに興味をもち、師にお目にかかりに行った。そして人を二人乗せた馬車がディーナナートの家の前に止まるのを見た。すぐにまわりの人たちは「パラマハンサがお越しになった、パラマハンサがお越しになった」と言い合って馬車に向かい始めた。はじめに一人が降りてきた。（それがシュリー・ラーマクリシュナのおいであるフリダイラム・ムコパッダエだった）。彼は体格がよく、ひたいに大きな朱色の印をつけ、右腕に金のお守りを巻いていた。頑強で非常に活動的な人物であることが見てとれた。彼は馬車の近くに立って、もう一人の人物が降りるのを助けた。その人はとてもやせているように見えた。シャツを着ており、布は腰のあたりでしっかりと結ばれていた。片方の足は馬車のステップに、もう片方は馬車の中にあった。彼は半ば意識がない状態で、酔っ払いが馬車から連れだされているように見えた。ところが彼が降りたとき、なんとすばらしい光景だろう！

彼の顔には言葉では言い表せない輝きがあった。私は考えた。「偉大な賢者シュカデーヴァについて聖典で読んだことがある。彼はそのシュカデーヴァなのだろうか?」そのころには大勢が集まり、皆邸宅の二階に案内された。私も皆に従った。パラマハンサは、外界の意識を少し取りもどされた時に、目を開いて壁の大きなカーリー女神の絵を見つめられた。彼はただちに彼女にあいさつをされ、魂が魅了されるような歌をうたい始められた。その歌は集まった者たちすべてに強い信仰心を波のように湧き起こした。歌は、カーリーとクリシュナはひとつであると言っていた。「おお、母よ、あなたはヤショーダーのために踊りを披露された。それを見た彼女は、あなたのことを私の大切な青い宝石と呼んだ……」この歌によって皆々の内に湧き起こった途方もない感動は、言葉では説明できない。二、三年の後、私はドッキネッショルに行き、シュリー・ラーマクリシュナの部屋で、彼にお会いした。

私は人間としてなすべきことをしていた。私の人生の目的は、清らかな生活を送ることだった。私は毎日八時間か九時間、かなりの時間を読書に費やした。たくさんのプラーナ、そしてヴェーダーンタに関する書物を読んだ。最終的に私は自分の考えをヴェーダーンタに定めた。あるとき、師が冗談めかして私におっしゃった。「ヴェーダーンタのことを教えておくれ。ヴェーダーンタはブラフマン(絶対者)が真実であり、この世は真実ではないと説いているのではないかね? それともそれ以外のことを説いているのかね? それならば真実ではないことは捨て、真実を選びなさい」これが私の人生の転機となった。シュリー・ラーマクリシュナに初めてお会いし、その霊的なムード（師の信仰とサマーディ）を拝見したとき、私は理想に生きる人間を探し当てたと思った。ようやく自分の家に帰ってきたと感じ、「人生で得るべきものがあるとすれば、それは神だ」と思った。だれが神を知ることができよう？　神が慈悲をもって知らしめてくださるならば、そのときにだけ可能となるのだ。ある日私は、師の歌を聞いて涙を流した。

おお、クシャとラヴァよ、
なぜおまえたちはそんなに自分を誇るのだ？
私が捕まえさせなかったら、
おまえたちは私を捕まえることができたのか？［1］

私は深く感動した。その日師は、自分自身の努力でサーダナ（霊性の修行）を行うだけでは、神を見いだすことは決してできないという真理を私の心に深く刻み込んでくださった。神がみずからご自身を明らかにされた場合にだけ、神を見いだすことが可能となるのだ。

私の人生の目標はニルヴァーナを達成することです、とシュリー・ラーマクリシュナに申しあげたとき、師は、低級な理想に甘んじている私を非難された。師はおっしゃった。「ニルヴァーナを求める者は利己的で心が狭い。彼らは恐怖の塊だ。彼らはいつも自陣にこもりたがるパチーシ（インドすごろく）のプレーヤーのようだ。素人はこまが自陣にもどってきたら、それを外に出そうとはしない。未熟なのだ。しかし、名人は相手を捕まえる機会があれば、恐れずにふたたび出撃する。そしてサイコロを振って良い目をだし、ふたたび自陣にもどる。彼がサイコロを振ると必ず良い目が出るように見える。だから恐れるな。恐れることなくプレイせよ」

私は申しあげた。「実際にそうなるのでしょうか？」師はお答えになった。「もちろんなるとも。すべては母なる神のお恵みによって起こる。母は私たちと遊びたいのだ。かくれんぼに誘いなさい。（かくれんぼには、おばあさんの役、目隠しされた泥棒の役、泥棒から逃げる子どもの役がある）おばあさんは、子どもたちを走り回らせて遊びを続けたいのだ。おばあさんがそうしたいと思えば、子どもが泥棒に捕まらないように助けることもできる。それに似て、母なる神がニルヴァーナを求める人に心から満足することはない。彼らは遊びをやめたいのだが、母はずっと遊んでいたいのだ。それだから神を愛する信者はニルヴァーナを望まない。彼らはこう言う。『ああ心よ、砂糖にはなるな。私は砂糖を味わいたいのだから』」

師は何度も私におっしゃった。「聖典には何があるというのかね？ それは買い物リストが記された紙のつづりのようなものだ。買い物リストは買い終わった品物をチェックするのに役立つだけだ。それが終わったら捨てられる。だから、おまえは自分の修得した知識と信仰を点検し、それが聖典に書かれていることと一致するかどうかチェックしなければならない。そして、『絶対者の知識を得たら、聖典の価値はわらくずのようなもの』と言われているのだ」母なる神は、シュリー・ラーマクリシュナに、聖典やプラーナ、そしてタントラの書物に何が説かれているかをお示しになった。それだから、師は文字を読めなかったが、パンディット（サンスクリットの学者）たちのプライドをくじくことがおできになったのだ。師はいつもおっしゃっていた。「母なる神からごくわずかな光を得ると、すべての知識は色あせ、取るに足りないものとなる」

シュリー・ラーマクリシュナが「母よ、私にブラフマンの知識を与えないでください！　そんなものは望みません！　そんなものにはつばを吐きます！」と語りかける時は、まるで酔っ払っているように聞こえた。当時、私はヴェーダーンタに極端に傾倒していたので、師の言葉にたいへんな衝撃を受けた。私は思った、「なんということだ！　ブラフマンの知識よりも偉大なものがあるのだろうか？」と。

ドッキネッショルの日々

ああ、ドッキネッショルの日々は、天国そのものだった！　朝から午後の一時まで、貧しい人たちへの食事の提供が始まる前までに、私たちは、だれもが花を摘んだりそのほか礼拝の準備をしたりと忙しくしていた。シュリー・ラーマクリシュナは、その間霊性について論じられ、集まった信者はそのお言葉に熱心に耳を傾けていた。悪ふざけや冗談ですら、神に絡めた話をされた。他の話題を口にされることはなかった。そして最後には必ずサマーディに入られた。昼食の後少しお休みになり、ふたたび霊性について話されたのだった。夕方になると、母カーリーの聖堂に行き、母を少しあおがれた。そこで神に酔いしれ、恍惚となって千鳥足でお部屋にもどられた。師に導かれ霊性の修行に取り組む私たちに向かって、「教えておくれ。朝晩瞑想するとき、おまえたちは神に酔うと感じるかい?」とよくおたずねになっていた。シュリー・ラーマクリシュナは、夜になってもほとんどお眠りにならなかった。部屋でともに寝ている者を起こして、「寝すぎてはならないよ! 目を覚まして瞑想せよ!」とよくおっしゃっていた。ふたたびしばらく横になった後、夜明け前に起きられ、だれにもまねのできないようなやさしい声色で主の御名を唱えられた。弟子たちはいつも、めいめいが自分のやり方で座り、瞑想していた。ときどき、師は弟子のそばにきて姿勢を正されることがあった。

シュリー・ラーマクリシュナはよくおっしゃっていた。「グル(霊性の師)と呼ばれるのには耐えられない。落ちつかなくなる。グルとはだれか? サッチダーナンダ(神)おひとりがグルなのである」外にいるグルは道を示す。内なるグルは霊性を目覚めさせる。グルを装う凡人はこのことがわからない。エゴを大きくして自分自身を堕落させてしまう。

師のもとに集う者たちが皆で一時間ほどうたう時は、あふれんばかりの喜びに満たされたものだった。まさに天界にきたかのようだった。しかし、今では瞑想をしても、あの天界の至福を呼び起こすことはできない。それに近い感覚にもならない。その当時の至福は一週間くらい続いたものだった。酔いを感じても、なぜ、どうしてそうなったのかはわからなかった。それをだれが信じるだろうか？

他人に理解してもらうことは簡単ではない。それでも、私は声にだして言わなければならない。普通の人は、苦しみからニルヴァーナを求めるが、神聖な交わりによってもたらされる途方もなく大きな喜びを知らない。

ある日、私は師の夕食どきにドッキネッショルに到着した。さまざまな料理が盛られたいくつもの皿が、師の前に並べられていた。見る人によっては、ラジャス的（世俗的）で、ぜいたくだと思うかも知れない。師はただちにおっしゃった。「まあ、私の心は常に無限に向かう傾向にあるのだよ。それだから、このようなラジャス的なやり方で、下の次元にとどめておくのだ。そうしなければ、おまえと話すことはできなかっただろう」師の話を聞いて、私は「なんと不思議なことだ！」と心に思った。「人は厳しい断食を行い、ラジャスを克服することでサットワ（純質性）を得ようとする。ところが、師はサットワの境地に昇ってしまわないように、自分の心を無理矢理とどめておかなければならないとは！」

また別の日にシュリー・ラーマクリシュナにお会いしに行くと、大勢の訪問者がいた。その中の一人は高名なヴェーダーンタの学者だった。師は彼におっしゃった。「あなたからヴェーダーンタのことを聞くことにしよう」学者は深い敬意を込めて、一時間以上もヴェーダーンタについて詳しく解説した。シュリー・ラーマクリシュナはとても喜ばれた。周囲はこれに驚いた。しかし、師は学者を称えてから次のようにおっしゃった。「私に関する限り、そうした詳細な話は好ましいものではない。私には、母と私以外はいない。あなたには、知識、知る者、知られる者、あるいは瞑想する者、瞑想、瞑想の対象、この種の三者はたいへん好ましい考え方だ。しかし、私にとっては『母と私』、それがすべてのすべてだ」師から発せられたこの「母と私」という言葉は、そこに居合わせた全員にとても深い印象を与えた。その瞬間、ヴェーダーンタの思想はすべてが取るに足りないものとなった。師の「母と私」は、ヴェーダーンタのいう三者よりもやさしく、素朴で、心に喜びを与えてくれるもののように思えた。そのとき私は、とるべき理想的な態度は「母と私」であることに気がついた。

どんなに邪悪な人間でも、聖者との出会いで必ず良い性質を身につけていく。香水専門店に行けば、芳香は意識せずとも鼻孔に入る。それにもかかわらず、人は聖者と交流しようとはしないし、そうしようとする智恵ももっていない。シュリー・ラーマクリシュナが説教をなさると、彼を信じる者は耳を傾ける。しかし連れの友人が耳打ちするのだ。「さあ、出よう。いつまで聞いているのかね?」と。当然ながら信者は立ち去ろうとはしない。友人は憤りながら「ここにいるがいいさ。俺たちはボートで待っているぞ」と言う。シュリー・ラーマクリシュナはこうしたことを、とても巧みに説明されたのだった！

またある日、一人の歌手がシュリー・ラーマクリシュナを訪ねてきた。彼はシヴァ神の歌をいくつもうたった。師は一曲目の歌を聞き始めるとすぐサマーディに入られ、長時間その状態のままだった。あまりにも師の心が奪われているのを見て、私たちはこれ以上うたわないように頼もうと考えた。突然、師はサマーディから意識を取りもどされ、歌手におっしゃった。「ああ、もう待てない！　聖なる母の歌をうたっておくれ！」聖なる母の歌を聞かれると、師の意識は相対世界にもどられた。後日師は、非常に高い意識状態にあったのだとおっしゃった。

ある日私は、母カーリーの聖堂でシュリー・ラーマクリシュナが母を扇いでおられるのを目にした。師はうたっておられた。

お目覚めください、母よ！
あなたは長い間眠っておられた
あなたの元のお住まい
ムーラーダーラの蓮の中で。
お目覚めください、母よ！
あなた本来の務めを果たしてください、

六つの霊性の中心を貫いて
偉大なる主シヴァとひとつになってください、
千弁の蓮の花のある
脳の中心で。
そうして、母よ、私の悲しみを捨て去ってください、
あなたは純粋意識そのものなのです。

師はスワーミージー（スワーミー・ヴィヴェーカーナンダ）に、こうおっしゃったことがある。「おまえがうたえば、母は目覚め、必ずおまえの歌を聞いてくださる」と。

ああ、シュリー・ラーマクリシュナはなんとユーモアに富んでおられたことか！ 師のユーモアのセンスは、とてもユニークだった。ケシャブ・バーブがドッキネッショルにくることになっていた日のことである。シュリー・ラーマクリシュナは、約束の時間の前から、赤いふち取りの布をまとい、上質のチャダー（上着）を羽織っておられた。そしてベテル（ビンロウ）の実をかみ、口を赤くしながら、ケシャブを待って自室のベランダを行ったりきたりし始められた。ケシャブは、それを見ると言った。「なんと今日は、特別におめかししておられますね。どうされたのですか？」師はにこにこして答えられた。「今日はケシャブの機嫌をとらなければならない！ だからこんなに念

を入れたのだよ！」それを聞いたケシャブは声をだして笑い始めた。

スワーミージーにも、たいそうユーモアがあった。しかし、シュリー・ラーマクリシュナにはおよばない。師のそれは皆を抱腹絶倒させた。師はよくおっしゃっていた。「時には平凡な話題も取り入れて、まわりをご機嫌にしておきたいのだよ」ブラーフモーの信者が、ある時ケシャブ・チャンドラ・センとプラタープ・マジュンダールの面前で言った。彼らはガウラーンガとニッテャナンダのようだと。シュリー・ラーマクリシュナが近くにおられた。そこでケシャブはたずねた。「ならば、あなたは何者なのでしょう？」シュリー・ラーマクリシュナは即座に返された。「私は君たちの足もとにあるちりだよ」これを聞いたケシャブは言った。「あなたは決してあなどれない方だ」

ブラーフモーに対して神への礼拝の仕方を正しく教えられたのは、シュリー・ラーマクリシュナだった。神の母性という概念を伝えたことも、ブラーフモー・サマージに対する師の貢献であった。

主は謙虚な者の守護者であられる。彼らは神の友人であり神を助けるからである。しかし、謙虚であることはとても難しい。エゴが少しでも残っている限り、謙虚であることはできない。シュリー・ラーマクリシュナは、よく清掃の仕事に就く女性たちの話をされた。その仕事はいわゆる最底辺にあるが、彼女らが一つでも飾りを身につけるや否や、その虚栄心には際限がなくなる。

師の発するお言葉は、一つ一つが直観的であった。そして偉大な力を運んだ。師は文字どおり人の心をわしづかみになさったのだ。

インドで信仰され実践されているヴェーダーンタは、地方によっては、かなり浅いものとなっている。「我はブラフマン（絶対者）なり」と口では唱えるが、役には立たないと言わんばかりに何でもありの行いをし続ける。識別は、彼らに知識をもたらしてはいない。以前、一人の僧がドッキネッショル寺院のパンチャヴァティに住み始めた。僧の人柄についてうわさが流れ、師の耳にも届いた。師が忠告なさると、僧は言い返した。「この世界が真実でないのだから、私の性格のほころびだけが真実であるはずはないのでは？」シュリー・ラーマクリシュナはおっしゃった。「私はおまえの言うような知識にはつばを吐く！」偽善がはびこることは許されない。完璧な識別を行えば、知識の光がさす。

世俗から超然と心を離し続けることは、どれほど難しいことだろう！　心はもどりたがる。実に、欲望の支配から逃れることは極めて困難である。師がよくおっしゃっていたように、「身内と呼べる人を誰ももたない者でさえ、猫を育て執着を作り出す」のだ。

愛と欲望は強く結びついている。シュリー・ラーマクリシュナはいつもおっしゃっていた。「欲望は盲目である。一方で愛は純粋で光り輝いている」と。男女の区別をしているなら、それは欲望である。愛する者の中に神への思いを抱いているのなら、それは愛である。自分の心を極めて慎重に分析する必要がある。師は私に、欲望を無限大にするようにと教えられたことがある。師のお言葉に私は驚いた。すると師は諭された。「欲望とは何であるか？　それは手に入れたいという願望だ。それだから、神を手に入れたいという願望をもち、その願望を際限なく強めるのだよ」識別と神への信心によって、人は欲望から自由になることができる。神への愛が次第に強まっていくと、欲望や怒りなどは弱まっていく。

師のもとを訪れる時は、ドッキネッショル寺院の庭園の門を入った瞬間、胸の内に激しい動揺を感じた。皆そう感じたはずだ。なぜなら、この上なく神聖な存在に近づくことを思うと、おそれが生じるからである。聖なる存在に近づくと、人の内に住む悪のサンスカーラ（前世から持ち越された傾向）が震えだす。誰がシュリー・ラーマクリシュナと同じくらい純粋でいることができようか？私たちの中にいるもっとも純粋な人間でさえ、師と比べれば取るに足りない者だった。曲がった考えが私の心によぎると、師はすぐに見抜いておっしゃった。「なぜそんなふうにみるのかい？たぶん、こういう理由だよ」と。驚くべきことに、師はいつも正しく言い当てておられた。やましいことがなく自分は誤ったことはしていないと言える者は、何とふてぶてしい者だろうか！

ドッキネッショルで、ある日師は私におっしゃった。「パンチャヴァティに行っておいで。何人かの信者が、そこにピクニックに行ったのだよ。彼らが何か残さなかったか見に行って来ておくれ」私がそこに行くと、あちらこちらに傘やナイフその他の物があった。それを集めて師のもとに持って帰った。ナイフは師がお貸しになったものだった。私が無造作にそれを棚に置くと、師はおっしゃった。「どこに置くのだね？いや、そこではない。ベッドのこの小さな台座の下に置きなさい。それがナイフの置き場所だ。おまえはすべてを正しい場所に置く必要がある。私が夜中にナイフを使わなければならないとしよう。おまえが勝手な場所に置いたら、私は暗闇の中で部屋中歩き回り、ナイフの置き場所を考えながらあちこち手を伸ばすだろう。それは奉仕と言えるだろうか？　いや違う。好き勝手に物事を行えばトラブルを引き起こすだけだ。きちんと奉仕したいのなら、おまえは完全に自分というものを忘れなければならない」

スワーミージーは常々言っていた。「何時でも、自分を対象に固定し、また対象から切り離すことができるようにせよ！」と。私たちは、仕事をするとそれに固執するようになる。そして仕事から自分を切り離すことができなくなる。そうあるべきではない。シュリー・ラーマクリシュナをみよ。フリダイがドッキネッショル寺院から解雇を命ぜられたとき、寺院の守衛がやって来て、師に向かって言った。「おまえはここから出て行かなければならない」シュリー・ラーマクリシュナは言い返された。「何を言っているのか？　それは私ではなく、フリダイだよ」しかし守衛は命じた。「いや、私の主人は二人とも去るように命じたのだ」シュリー・ラーマクリシュナはサンダルを履き、門に向かって歩き始められた。トライロキヤ・バーブ（ドッキネッショル寺院の創設者ラーニー・ラスモニの孫）は、クティ（寺院境内にある大邸宅）からこれを目撃し、大急ぎで師の足もとにひれ伏しお願いした。「師よ、どうしてあなたが出て行かれるのですか？　私はあなたに出て行くようになどとは言っておりません」師は一言も発せず部屋にもどられた。想像してみよ！　彼の放棄の態度には、少しの執着もなかった。一方、私たちは自分の行いに何と大騒ぎすることだろう！　もし私たちが師の立場に置かれていたら、トライロキヤ・バーブに小言の一つも言っていたに違いない。しかし師は無言であられた。師は、出て行く時と同じように早々ともどって来られた。

普段、師は粗末な身なりをしておられた。相当みすぼらしく見えたのだろう、ある時一人の男に庭師と間違えられ、バラをつんで来るように言われた。師はすぐ言われたとおりにされた。しばらくして男は自分の過ちを知り、口ごもりながら謝罪した。これを聞かれたシュリー・ラーマクリシュナは、人にお願いされたら全力で応えなければならない。あなたは間違ってなどいないとおっしゃったのだ！　偉大なことではないか？

通り一遍の研究や瞑想をしたくらいで神を悟ることなどできようか？　人は主を切望しなければならない！　主にお目にかからなければ人生は耐えがたいと思えるようでなければならない！　シュリー・ラーマクリシュナは私たちにこうおっしゃった。「私があのような渇望を感じたので、母なる神が私の世話をすべてお引き受けになり、このカーリー寺院とモトゥル・バーブ（ラーニー・ラスモニの義理の息子で、師に必要なものを提供し奉仕した偉大な信者）をご準備されたのだ」神への憧れで心が張り裂けそうにならなければならない。そうなれば、すべては成就する。

度を超した肉体的苦行や身体を傷つける苦行は、それがどのようなものであるとしても、タマス（誤った思い込み）によって生ずる。シュリー・ラーマクリシュナは顔を地面にこすりつけ身体を傷つけておられたではないかと指摘する者もいる。しかし、当時師は忘我の状態にあられた。師の神への渇望は非常に強烈で、外界とご自身を完全に忘れておられたのだ。

師といっしょに瞑想していると、背骨に感覚が生まれ、エネルギーが上昇するのを感じた。身体は砂漠のようだった。そこにグルが神という神聖な名を与えると、その力で砂漠は美しい花園に変わった。それまで私の人生には目的がなかった。しかし師のひとふれで、私は人生の理想を得た。

シュリー・ラーマクリシュナはよくこう祈っておられた。「母よ、私の子どもたちが私の霊性をしのぎますように」ことわざに「息子や弟子の手で打ち負かされたい」とある。

私は、ギーターの教えを瞑想することに多くの時間を費やしてきた。ギーターにはすべての経典の本質が詰め込まれている。シュリー・ラーマクリシュナは、私をギーターの教えに従う僧であるとおっしゃった。

シュリー・ラーマクリシュナと暮らす

シュリー・ラーマクリシュナは、人相にはその人の性格が表れるとおっしゃっていた。師はよく私たちをくまなく観察し、手足の釣り合い具合を調べ、手の重さを量っておられた。身体的特徴からその人の性格を簡単に見抜くことがおできになったのだ。求道者を成長段階ごとに分類する力をおもちだった。ただし、誰にでもさらに高い境地に成長する余地があった。

シュリー・ラーマクリシュナはよくおっしゃっていた。「良いインクを使うと、指紋を明瞭に写し取れる。悪いインクだと刻印も不鮮明になる。霊性の指導は、識別と放棄を目指す弟子の心に刻印を刻むが、不完全な指導では、刻まれる刻印も相応の小さいものとなる」

師は運任せの態度を嫌われた。スワーミージーのことを、「あの子がもっている正々堂々とした性格を見てごらん！　物事に注意を向けるや否や、全身全霊をかけて集中するのだ」と評しておられた。順風であろうが逆風であろうが関係ない。決めたことを成し遂げるためには全神経を集中しなければならない。どんな犠牲を払ってでもやると決意したならば、圧倒されるほどの大きな壁でも最終的には大きな助けとなる。ただし、真摯に取り組むことが必要だ。

一心に打ち込まなければならない。他人頼みではできない。師は繰り返しおっしゃった。「少しでもよい。挑戦せよ。グル（霊性の教師）は必ず啓示を与えてくださる」経験から言えることだが、神に向かって一歩踏み出せば、神はあなたに向かって一〇歩近づいてくださる。私たちはそれをじかに経験できる。自分からの努力がなければ、誰も助けることはできない。

ある時、師の前で議論する者がいた。彼はこの世界は真実であると言い張った。話を聞いた後、師はおっしゃった。「ラームよ、ホッグ・プラムの酸っぱい料理（俗世間の価値のない楽しみ）を味わっていたいのだと一言で言えばよいではないか！　この無駄な議論は、いったい何のためかね？」これ以上に説得力があり反論のしようがない応えがあり得ただろうか？　本当のところは、執着心があるから、この世を放棄することを恐れるのである。こうした自分の態度を偽り、執着を放棄せずに神を悟れると空想することは、ただ自分の内面の弱さをさらけ出すだけである。

真実は神だ。偽りはマーヤーだ。すべては真実を守りぬくことによって達成される。シュリー・ラーマクリシュナはパンディット（サンスクリット学者）のシヴァナート・シャーストリーに対して、こうおっしゃってからかわれた。「あなたがうそ偽りのない方なら、どうして真実ではないことを話すのですか？ あなたは私を狂っていると言うが、真実以外の言葉が私の唇から発せられることは決してない！」ある時、カーリーガートの僧がシュリー・ラーマクリシュナを蹴った。師は僧が罰せられるとわかっていたので、それを秘密にしておきたいと思われた。師は、誰にも言わないという約束をフリダイから取り付けようとした。フリダイは最初反対したが、師は三回約束を取り付けられ、そして「今後私の口からこの話が漏れることはないだろう」とおっしゃった。その僧を守るために、師はこのようにして沈黙を守ろうと誓われたのだ。

ある時、師はジャドゥ・マリックと会う約束をされた。しかし、そのあと次々に来る訪問者との会話に夢中になられ、そのことを忘れてしまわれた。夜の一一時になって横になろうとされた時、師は突然約束を思いだされた。すぐにランタンに火を灯され、スワーミー・ブラフマーナンダを伴ってジャドゥの邸宅に行かれた。門が閉じていると知った師は、片足を敷地の中に入れて、「ほら、来たよ！」と叫ばれた。シュリー・ラーマクリシュナはすべてを放棄されていたが、真実を放棄することはおできにならなかった。真実を守りぬくことは、たいへんな試練を伴う。

心を超越するということは、完全なる知識が現れることである。それは心が完全に消滅するということではない。この現象世界に結びついている心はもはや存在しなくなるということである。シュリー・ラーマクリシュナはいつも、純粋な心と純粋な真我はひとつであるとおっしゃっていた。世俗的な性質が打ち砕かれると、心はただちに純粋になる。真我と一体であることを完全に自覚し、すべての内に自分と同じアートマン（真我）を見て、それに従って他者に接する。それが純粋な心である。シュリー・ラーマクリシュナはおっしゃっていた。「まず初めに金に変容せよ。そうすれば、汚れた場所にいてもなお、金のままでいられるのだ」

私たちは、すべての人を自分の身内と同じくらい大切にしなければならない。神に近づくほど、人は飾ることのない誠実で寛大な性質になる。師は純真さと誠実さの、まさに権化であられた。

主は、信者に憤りと喜びの両方を表されることもある。師は、利己的な人間の姿を見ると耐えられないとおっしゃっていた。ニルヴァーナ（解脱）を求めずに神に向かう者を、イーシュワラ・コーティー（偉大な魂）という。

師には二つのムードがあられた。ある時は、形ある神は、たとえカーリーでも好きではないとおっしゃった。その時、師の心は絶対的な境地に浸っておられた。別の時には、形ある神なしではおられず、母なる神に、形なき側面は見たくない、ブラフマン（絶対者）の知識は欲しくないのですとおっしゃった。すべてを否定し無形のブラフマンという概念に道を見失った者は偏っている。ギャーニ（知識の道に従う者）は、無知というわなに捕らわれ、ふたたび転生することを恐れる。しかし、達人は何も恐れはしない。同様に、形ある神だけを悟り、形なき神の絶対的な側面を悟らない者も、偏っている。

神を悟ると、どの修行もする必要はなくなる。師はいつもこうおっしゃっていた。「女性は夫探しをしている間、身なりを整え、髪をとかし、夫を得ようと最高に魅力的に見せる努力をするだろう。けれども夫を得た後、すべてはなおざりになる。よそおう必要がどこにもないのだから」

シュリー・ラーマクリシュナ、私たちに教える

私は二〇代初めの頃まで、ヴェーダーンタの極端な信奉者だった。当時の理想は、ニルヴァーナ（解脱）を達成することだった。私の中でそれが最高の目標だった。しかし、シュリー・ラーマクリシュナは幾度も私を叱り、別の理想を与えてくださった。知識の道は私の道ではないと指摘された。その代わりに、師は私を神の信仰者にされた。師がどのようにして私を訓練されたのか、今でもありありと思いだす。

私は自分を知識の道の信奉者であるとみなし、もろもろの聖典を研究し、「すぐにでもサマーディに達するだろう」と考えていた。シュリー・ラーマクリシュナにお会いした後、私は霊的な悟りの

意味とサマーディの意味を知った。

シュリー・ラーマクリシュナという実例は、私の人生のすべての問題を解決した。解決すべき問題はもうなくなった。西洋にいた間、人から質問を受けた時はいつも、私は相手をよく見て何がその人の問題なのかを理解しようとした。すると、答えがたちどころに思い浮かんだのだった。

「神の信仰者になれ。しかし愚かにはなるな！」人は、常に注意深くなければならない。シュリー・ラーマクリシュナはよくおっしゃっていた。「私をごらん！　母なる神は、私を服が着ていられないような状態になさった。しかし私は物忘れはしない」師は、「不注意な者は愚かである」とおっしゃった。

シュリー・ラーマクリシュナは、不注意な人をお叱りになった。不注意さは性格上の欠点である。師の行動は決して遅くはなかった。一方で、急いだりせわしくしたりすることも好まれなかった。

人間であるということは、注意を怠らず、意識を保つということである。意識を失わなければならないとしたら、シュリー・ラーマクリシュナのように（サマーディに入って）意識を完全に失わなければならない。信仰歌が歌われると、師はよく恍惚状態になり外界の意識を失われた。しかし、わずかな音の間違いも師に痛みを生じさせ、通常意識にもどした。

師は、それぞれの者に異なるサーダナ（霊性の修行）をお教えになったが、私に対しては、瞑想とジャパムを実践せよとおっしゃっただけだった。ただし、師は真夜中に服を身につけずに瞑想をせよとおっしゃった。師は単なる指示出しだけでは満足されなかった。弟子一人ひとりを注意深く観察し、師の指示をどれだけ良く実践しているかを確認された。

私に特別な指示をお与えになった数日後、師は「さて、真夜中に服を身につけずに瞑想しているかね？」とおたずねになった。「はい、しております」と私は答えた。「気分はどうかね？」「師よ、私はすべての束縛から解放されているように感じます」「よし、その修行を続けなさい。おまえは大きな恩恵を受けるだろう」

別の機会に、師は私にサーダナとは「考えと言葉を一致させる」ことに他ならないとおっしゃった。当時、私はシャンカラのヴェーダーンタ哲学を熱心に研究していた。師は私におっしゃった。「さて、この世界は非現実であると言うだけで、何の役に立つのかね？ ナレンならそのように言うことができる。彼がこの世界は非現実であると口にすれば、すぐに非現実になる。彼がとげのある植物などないと口にすれば、彼の身体は傷つかない。しかし、おまえがとげに触れるなら、痛みをすぐに感じるだろう」

はじめ私は、一定の間霊的なムードでいるという修行に真剣に取り組んだ。一時は主の道具だというムードを集中的に修行した。「私は機械で、主は操縦者である」と。自分の思いや行動を一つひとつ注意深く観察し、そのムードによって動かされ、そのムードに満ちているかどうかを確認した。私はこの修行を数日間行なった。その次に一定の間、「私はブラフマン（絶対者）である」というムードを修行した。

知っていることは、少なくとも一度は実践しなければならない。しかし、シュリー・ラーマクリシュナは、あらゆることを三度実践された。実践を通して新しい知識が生まれる。始めるのだ。修行せよ！束縛も自由も、両方とも心の中にある。そしてアートマン（真我）は心を超えたところにある。出家に入るということは、冗談で言えるようなものではない。シュリー・ラーマクリシュナはよくおっしゃっていた。「出家の人生を送るにふさわしいのは、パルミラ椰子から手足を動かさないで落っこちることができる人だけだ」それはたやすいことだろうか？

人格に裏打ちされていなければ、単なる言葉が何になろう？　それは、すべての人にとって大きな障害となっている。シュリー・ラーマクリシュナはいつもおっしゃっていた。「ほぼすべての人が性的魅力のわなに捕らえられている。母なる神によって救われた人は、ごくわずかである」それはたいへん恐ろしい執着である。その影響下にない限り、人は大丈夫だ。しかし、その呪縛にある者は、節を屈することまで行う。「色欲と金」と「食の喜びと性的衝動」は、同じことを示す短い表現である。これらの享楽をやめる者は、この世を本当に放棄する。これを実行できる者には、全世界は本当に非現実のものとなる。

誰かがあなたを傷つけたとする。仕返しするならば、自分をもっと傷つけることになる。あなたはその人間と同じくらい悪い人間になる。師はいつもおっしゃっていた。「他人を呪い、恨みを抱き続ける人は解脱できない」と。

（僧侶たちに対する講話で）自分の時間を無駄に過ごしている間に、時は日毎に、月毎に、年毎に過ぎ去る。神への渇望はどうしたのか？ シュリー・ラーマクリシュナが「母よ、また一日が過ぎてしまいました。いまだにあなたにお会いしていない」と泣いておられたことを思いだしたまえ。みな無関心になってしまった！ 気概を失った！ スワーミージーは言っていた。「生きながらにして死んでいる人間とは、どんな人間か？ 神の真理を望まない人間のことだ」「私は二九歳ですべてをなし終えた」と。

今回生まれてきた目的は何なのか、はっきりとわかっているだろうか？ シュリー・ラーマクリシュナの生涯がわれわれの手本である。師は、宇宙の母の生ける姿をありありとごらんになった。そして母と近しくなられた。師は母に身を委ねられたのだ。

自分から努力しなければならない。シュリー・ラーマクリシュナはいつもおっしゃっていた。「まずは努力してみよ！ そうすればグル（霊性の教師）がおまえの前進を助けてくれる」と。師はいつも歌われていた。「おお心よ、死ぬくらい奮闘してみよ。真珠は浅瀬で見つけることができようか？ 主を悟りたいのなら、海の深いところまでもぐるのだ」と。

誰かから何かを得ようとしてはならない！ 与える者になることを学べ！ さもないと自己中心的な人間になる。これはシュリー・ラーマクリシュナの内輪の者に対する教えである。私はいわゆる聖人と呼ばれる方々を見てきた。彼らは世間から超然として人と関わらないようにしている。彼らは情味に乏しかった……シュリー・ラーマクリシュナは私たちに諭された。「自分の手を使って働きなさい。ただし心は主の御足の元にとどまらせていよ」と。

私たちはこの目で見た。この耳で聞いた。私たちがシュリー・ラーマクリシュナのもとにやって来た時、師が私たちに、神の実現は手の届くところにあると感じさせてくださった。しかし時折私たちは落胆し、目標を実現することなく人生が終わってしまうのではないかと心配した。けれども、間もなく師は私たちのためにすべてを取り計らってくださった。

私たちの師は、「罪」という言葉に耐えることがおできになられなかった。人びとに、自分を罪人だと思わないようにと教えられた。人びとに、「私は神の御名を唱えている。なぜ心配する必要があろうか？　宇宙の母の子が誰を恐れるというのか？」と考えるようにと諭された。

シュリー・ラーマクリシュナは、「忍耐、忍耐、忍耐」とおっしゃった。あたかも他に方法はないのだと懇願しておられるかのようだった。こうもおっしゃった。「耐える者は生き延びる。耐えない者は滅びる」と。師のお言葉、「病気はこの身体に耐え忍ばせておけばよい。だがわが心よ、おまえは神に思いを寄せ、至福を楽しむのだ」を常に覚えていよう。このように心得ておけば、あなたは苦しみに打ち負かされず、救われるだろう。

シュリー・ラーマクリシュナは、「人は造りものの果物を見ると、本物の果物を思いだす」とおっしゃった。同様に、神の絵を見ると、神のことを思いだす。神が実際にそこにおられると想像して、神が実在していることを信じ、神に仕えなければならない。神は私たちに啓示を与えてくださるに違いない。

師は完璧なヨーギー（ヨーガ行者）であられた。何もかも明らかにしてくださった。私たちの心の内を隅々まで理解されていた。何かを質問する必要はなかった。私たちが考えることを事前にご存じだった。私たちには師から教えを受けているように感じなくても、師はいつも私たちのことを見てくださっていた。師に見逃されるものは何もなかった。私たちの先にある落とし穴をご存じであり、私たちがそれらを避けられるように仕向けてくださった。

師は、遠い西洋のどこかに、異なる言語を話し異なる習慣をもつ弟子たちがいると話されたことがある。「彼らも私を礼拝するだろう。彼らも母なる神の子どもたちなのだ」と師はおっしゃった。

シュリー・ラーマクリシュナと弟子たち

神を実現することは非常に困難である。わずかな欲望が道をふさいでしまう。師はよくおっしゃっていた。「もっとも細かい繊維のほころびが生じただけで、針の目に糸を通すことはできない」と。スワーミー・ヴィヴェーカーナンダは、以前師に「母なる神に彼ら（自分の家族）が何とか暮らしていけるように祈ってください」とお願いしたことがある。師はスワーミージーを聖堂にやり、母御自身にお願いするようにおっしゃった。しかし、スワーミージーは聖堂に入った時、ヴィヴェーカ（識別）とヴァイラーギヤ（離欲）以外には何も嘆願することができなかった。なぜだろうか？　スワーミージーは内に執着がなかったからである。スワーミージーがこれを師に報告した時、師は私たちにおっしゃった。「あの子がどんなに優れた魂の持ち主なのか、おまえたちはわかるか？　母にヴィヴェーカとヴァイラーギヤ以外は何もお願いすることができなかったのだよ」

スワーミージーは、あらゆる人をシュリー・ラーマクリシュナのもとに連れてきた。このことについて師は「おまえはなんとさまざまな人たちを連れてくる。片目の者、足が不自由な者、さまざまな者たち。おまえは善人と悪人を区別しない。見境なく誰でも連れてくるのはやめよ」とおっしゃった。

スワーミージーは常に弱者を助けた。「弱い者ほど多くの助けが必要だ。ブラーミンの少年一人に教師一人が必要なら、パリアには四人つけなければならない」と言っていた。なんと偉大な考えだろう！　以前、シュリー・ラーマクリシュナはある女性信者のことでお怒りになっていた。師は私たち全員に、その女性の家に行ったり食事の提供を受けたりしないようにとおっしゃった。さらに、その女性がドッキネッショルに来ることをお禁じになった。師のこの重大な禁令に対して、誰があえてその女性信者の家を訪問しようとするだろうか？　にもかかわらず、スワーミージーはある日スワーミー・シヴァーナンダに「おいで、いっしょに散歩しよう」と言った。散歩の途中でその女性信者の自宅前を通りかかると、スワーミージーは女性に食べ物を求めた。彼女は喜びのあまり我を忘れ、スワーミージーに対し心を込めた食事でもてなした。その後、スワーミージーはシュリー・ラーマクリシュナのもとに行き、何をしたかを師に話した。師は「なんと、おまえに禁じていたのに、おまえはそこに行って食べたのか！」とおっしゃった。スワーミージーは「さて、それでどんな害があったのでしょうか？　私は彼女にここに来るように招待いたしました」と言った。

（師の晩年の滞在先である）コシポルで、スワーミージーはハズラに代わって師に嘆願した。スワーミージーは彼を見すてなかった！　彼は「あなたはハズラのために何かしてあげなければなりません。ハズラを祝福してあげなければなりません」としつこくお願いした。シュリー・ラーマクリシュナは「彼は今は何も得られないが、死の間際には祝福を得る」とおっしゃった。そして実際にそのとおりになった。スワーミージーは師の恩寵を心から信じていた。

ラトゥは早く寝るのを習慣としていたが、ある時師はそれに憤慨された。師はラトゥをドッキネッショルから追い出そうとされたが、スワーミージーが仲裁し、問題は平和的に解決した。ラトゥは「誰が本当の兄弟弟子かといえば、それはヴィヴェーカーナンダだ」とよく口にしていたが、それにはこうした理由があったのである。

シュリー・ラーマクリシュナから「母よ、彼らに光を与えてください。彼らに真の性質を悟らせてください」という祝福以外を与えられることはなかった。ラカル・マハーラージ（スワーミー・

ブラフマーナンダ）は、当時師のもとで生活をしていた。ラカル・マハーラージを最初に師のもとに連れてきたのはマハーラージの親戚たちだったが、マハーラージが出家しようとしていることが発覚した時、彼らはそれを喜ばなかった。彼らはシュリー・ラーマクリシュナにそのことを話したが、師は気に止めることはなさらなかった。

スレシュ・バーブ（スレンドラ・ナート・ミトラ）は、信者が快適に過ごせるようにお金を使っていた。シュリー・ラーマクリシュナの信者でありラカル・マハーラージの親戚だったマノモハンは、ある日、「スレシュ・バーブは、ここにラカルが暮らすことを快く思っておりません」と申し上げた。シュリー・ラーマクリシュナは間髪を入れず大声でおっしゃった。「何だと！　スレシュとは何者だ？　彼がここで何をしているというのか？　スレシュが提供した寝具をすべて捨ててしまえ。すぐに持ち出せ。(師の憤りに対しては、皆恐れをなして、あえて師に近づこうとする者はいないほどだった）この少年たちは、霊性に引かれやすい良い性質をもっている。私は彼らを自分のもとに置き、彼らが真の自己を悟ることができるように母に祝福を祈るのだ。彼らは何よりもまず悟りを得なければならない、しかる後に好きなところに暮らせばよい。これが私の考えだ」これを聞いたスレシュ・バーブは、師の足もとにひざまずき、目に涙を浮かべて、そのようなことは一度も言ったことがない、それはすべて間違いであると言った。

シュリー・ラーマクリシュナの人生には二つの側面があった。その両方を理解する必要がある。

一つの側面だけを受け入れると、誤解と混乱が生じる。たとえば、師は自分のために演奏した演奏家に贈り物を贈っておられた。与えるものがない時は、身に着けている御自分の服さえもお与えになった。それは最高の放棄の例ではなかったか？ 一方で、その同一人物であるラーマクリシュナが、聖堂に捧げられた食べ物のお下がりがいつものように提供されなかった時には、心配されてスワーミー・ヨーガーナンダに取りに行くように言われた。スワーミー・ヨーガーナンダが「なぜわざわざそのようなことを心配なさるのですか？」とたずねると、「ああ、そうだ。おまえは偉大な放棄の男だから、そのようなことは気にしないのだ！」と強くお叱りになった。

これら二つの態度を、どう理解すればよいだろうか？ そう、シュリー・ラーマクリシュナは自分でそのお下がりの食べ物を口にされたのではなかった。師は、それを信者たちに配るために持って来させておられたのだった。

ある日、シュリー・ラーマクリシュナはヨーガーナンダにおっしゃった。「信者であれ。しかし、愚か者であってはならない！ 物を買う時は、複数の店に行き、値段を比較して、最良で安いものを選べ。それでお金を節約できたなら、それを貧しい人びとに分け与えよ」

別の例がある。マハーラージ（スワーミー・ブラフマーナンダ）が落としものの小銭を見つけて師に見せた時、師は、「なぜそれを拾ったのか？ そんなものはおまえに必要ない。魚を欲しくないのに、わざわざ魚市場に行って値切ったりするかね？」とおっしゃった。

これらの矛盾した態度をどのように理解すればよいだろうか？　ある時は、シュリー・ラーマクリシュナは世俗の人びとと同じように振る舞われ、事細かく慎重に計算をしておられた。その後また放棄の理想的な態度を示された。わかるだろうか、師は原則に忠実だったのである。師がされたことは、家住者であれ、出家者であれ、その理想を体現されていたのだ。私が完璧な魂とみなす根拠は、このことからなのである。

世俗的な人間は執着の塊である。普通の人間は少しばかりの放棄の念をもつと、完全に度を失ってしまう。シュリー・ラーマクリシュナと交流をもったことで、私たちの目は開かれた。師は私たちに理想的な生き方を示してくださった。

マルワリ人の信者、ラクシュミーナーラーヤンがシュリー・ラーマクリシュナに一万ルピーを差し出すと、師は意識を失われた。意識を取りもどされると、師はこの信者に御自分から離れるようにおっしゃった。ラクシュミーナーラーヤンがお金を師に使ってもらえるようフリダイに差し上げることを提案した時、師は「ああ、フリダイは私の名前でそれを受け取るのだよ。私はお金を持つという考えに耐えられない！」と叫ばれた。すると信者は「ああ、なるほど。あなたはまだ受け入れるという思いと拒否するという思いを克服されていないのですな」と言った。師は一言、「ああ、克服していないよ」とお答えになった。

シュリー・ラーマクリシュナは、個人がそれぞれにもつ特定の欲望を取り除くため、その者に合わせて、実にすばらしい教えを授けられた！　師はこの教え方について、「母親は魚を使ってさまざまなカレーを作る。すべての息子に同じカレーを与えている訳ではない。息子一人ひとりのおなかにぴったり合うものを与えているのだ」と説明されていた。師も実際にこのとおりにされたのだった。

スワーミー・ヨーガーナンダはある時、男たちがシュリー・ラーマクリシュナの悪口を言っているのを耳にした。ヨーガーナンダは侮辱をがまんし、後で師にこのできごとを報告した。それを聞いた師は、「彼らは私をののしったのに、おまえは黙っていた！」とおっしゃり、スワーミー・ヨーガーナンダをお叱りになった。このできごとがあってしばらく後、別の機会にスワーミー・ニランジャナーナンダが船でドッキネッショルに向かう途中、乗り合わせていた客がシュリー・ラーマクリシュナの悪口を言っていた。スワーミーは並外れて屈強だったので、船室から飛び出して甲板に足を乗せ、ボートを揺らし始めた。彼は言った。「おまえたちはシュリー・ラーマクリシュナをののしっている「今から、この船を沈めるぞ。私を止められる者がいるなら、見せてみろ」皆おびえてやめてくれとお願いした。シュリー・ラーマクリシュナはこの件を聞いておっしゃった。「なんと。彼らが私をののしったとして、それがおまえにとって何だというのかね？　人には好きなように言わせておけ」

おもしろいではないか！　受け取る者に応じて異なる指導を授けておられたのだ。師のような教師を、どこで見つけることができようか？

以前のこと、カーリー・マハーラージ（スワーミー・アベダーナンダ、直弟子）が魚を捕まえていた。

彼は、アートマンは不滅であるという理屈をもちだした。だから、それは殺すことも殺されることもないと考えた。これを耳にしたシュリー・ラーマクリシュナは彼を呼び出して、おっしゃった。「おまえが言っていることは本当だ。しかし、おまえはまだ修行中で、アートマンを悟る前の段階にいる。そのような識別をもちだして生き物を殺すことは、よいことではない。アートマンを悟ることは、すべての論理と理性を超越した状態であるということを、おまえは知る必要がある。その境地に達した者は、すべての生き物に対して思いやりを感じる。聖者はすべてのサンスカーラから解き放たれるが、思いやりの気持ちは生涯の最後の瞬間まで残る。聖者の理想に従うことを決してあきらめてはならない！」

ある時、師はBに対して「一番愛しているのは誰かね？」とおたずねになった。「さあ、師よ。私は誰も愛していないと思います」という答えが返ってきた。これを聞いた師は声を荒らげておっしゃった。「ああ、なんという冷淡な不届き者！　堕落した金まみれの、どこかの地獄に転落してしまうぞ！」堕落のあなぞこに落ちたいと思うような愚か者とは、どのような者であろうか？

世帯主への助言

妻と子供がいるのに、世帯の長としての人生にもはや魅力を感じなくなったからといって、それを放棄することができようか？　そんなことをしたら、家族の運命はどうなるだろう？　それは単なるわがままというものだ。世俗にとどまり家族を養うこと、自分の義務を果たすこと、これも確かに宗教である。突然すべてを放棄しても何も得られない。ひと飛びに屋根に登ることはできない。一歩一歩登る必要がある。シュリー・ラーマクリシュナはよくおっしゃった。「熟する前に収穫した果実は腐ってだめになるだろう。かさぶたをはがすのが早すぎるとそこから血が出てしまう。かさぶたは、治れば自然にはがれ落ちるものだ」何とすばらしいたとえだろう！ すべては心ひとつにかかっている。師は、たまたま結婚したが後悔してシュリー・ラーマクリシュナに出家の許可を願い出た者に対して、おっしゃった。「待ちなさい。世間の生活をあきらめてはならないよ。誠実でありさえすれば、すべてはうまくいく。おまえは聖典に定められた道を忠実に歩むだけでよいのだ」

シュリー・ラーマクリシュナは、家を捨てドッキネッショルにやって来たある男のことをよく話題にされた。名をムケルジーといった。彼は毎日カーリー寺院で過ごし、そこで日々供される食事に頼って生活をしていた。ある日、師はムケルジーに「おまえは結婚している。子供たちはいるのかね？」とおっしゃった。それを認める答えが返ると、誰が子供たちの面倒を見ているのかとおたずねになった。そして、ムケルジーの口から妻は実家でやつれきっているとお聞きになると、叫ばれたのである。「おまえは悪党だ！ 結婚して子供もいる。今は義父が衣食の面倒を見なければならないとは！ ところがおまえはここの食べ物で生活している。それは貧しい人のために用意されたものだ！」この言葉を聞いたムケルジーは、家にもどり、務めを熱心に果たし始めた。

シュリー・ラーマクリシュナは、恋をしている女性のたとえ話をよく話された。彼女は実家の家事をすべて果たすが、思いは恋人だけに向けられている。そのうち完全に恋人のことしか考えないようになると、家族とのきずなを断ち切って愛する男と駆け落ちする。とても美しいたとえではないか？　片手で働き、片手で主に仕えるがよい。時が来れば、人は両手で主に仕えることができるようになる。その人が誠実であれば、時はかならずやって来る。

ある時、一人の紳士がジャバルプルからシュリー・ラーマクリシュナのもとにやって来た。彼には学識があり、修士号を取得していた。とても素直な性格だったが、不可知論に基づいて物事を考えていたため、師と議論になった。彼は心に大きな不安を抱えていたが、神には祈らないことにしているとうち明けた。神が存在する証拠がないと言うのだ！　シュリー・ラーマクリシュナはおっしゃった。「さて、このような祈りなら異論はないだろう。『もしあなたが本当にいらっしゃるのなら、私の祈りを聞き届けてください』このように祈れば、おまえのためになるだろう」紳士はこれについて熟考し、そのような祈りには異論はないと言った。シュリー・ラーマクリシュナは彼に、この助言に従うように、そしてまた来るようにとおっしゃった。しばらくしてその紳士がふたたび訪ねて来た。彼は変化をとげていた。師の御足に触れると、「あなたは私を救ってくださいました！」と言いながら泣いた。

Mの長男が亡くなった後、彼の妻がシュリー・ラーマクリシュナのもとを訪れた。彼女は声をあげて泣いていた。私はその場に居合わせていた。シュリー・ラーマクリシュナは号泣する彼女をご覧になり、厳しい口調でおっしゃった。「おまえは別の時には知識や信仰のあれこれを語る。それは今どこにいったのか？ 消えてしまったのかね？」師のお言葉は、私に大きく響いた。悲しみや苦悩を抱えている者に断固たる口調で諭すことは、多くの場合大きな効果となる。すぐにタマス（惰性または不活発の原理）の影響が消え去るのだ。

誰かが物をなくしたり置き場所を間違えたりすると、シュリー・ラーマクリシュナは落ち着きをなくされた。ある時ハズラがガンガー（ガンジス川）で手ぬぐいをなくした。シュリー・ラーマクリシュナはこれにたいそう機嫌を損ねられ、「私はよく通常の意識を離れるが、物をなくすことは決してない。ところがおまえはとても忘れっぽい！」とおっしゃった。師は、自室の物をすべて置くべき場所に置いておられた。すべて決まった場所に置かれていたため、暗闇の中でも必要な物を見つけることがおできになった。心を整頓し冷静に保つことは、物の整理と同じように欠かしてはならない。

人びとは感覚の喜びに完全に没頭している。食事、睡眠、性的快楽——これらに人生のすべてを費やす。シュリー・ラーマクリシュナはよく話された。「米問屋は、ネズミを米倉に入れないように、出入り口の前に炒り米を置く。やって来たネズミは米倉の中にある米袋の代わりに、まず炒り米をかじる。ネズミは米倉の米の匂いを嗅ぐことさえしない。同じように、母なる神は、人を色欲や富などたくさんの誘惑に惑わされた状態にしておかれる。人はそれらを超えて米袋、すなわち神のもとにたどり着くことはできない。この世は迷路のようなものだ。ひとたび入ると抜け出すことは難しい。人間に生まれることで逃げ出す機会がやって来る。しかし何の役に立とうか？　人間はすべてを忘れ、感覚に関わる物事に大忙しである」シュリー・ラーマクリシュナは、性欲で頭が一杯になっている者をあまり評価なさらなかった。師は、彼らは人間としての実態を失ってしまったとおっしゃっていた。

師は、「ホッグプラム（タマゴノキ）の実には皮と種しかない。果肉がなく、食べるとひどい腹痛を引き起こす。しかし、食欲をそそる味がする。この世も同じだ」とおっしゃっていた。この世の幸せは、どこにあるというのか？　この世は苦しみに満ちており、悲惨さの巣窟だ。シュリー・クリシュナはアルジュナに、「ただひたすら私に頼る者だけが、このマーヤーを渡る」と語った。

体中泥まみれになり結局苦労して洗い流す羽目になるくらいなら、泥に近づかない方がよいのではないか？　しかし、どれだけの人がそうできるであろうか？　それだからシュリー・ラーマクリシュナは、世俗的な楽しみを少しばかり維持しているのがよいと常々おっしゃっていた。ただしそれには適切な識別が伴っていなければならない。このような生死の繰り返しを経て、人はだんだんと神に向かって前進するのだ。

神への愛は、ハートで覚醒され、強化され、結晶化されなければならない。そうやってはじめて神のヴィジョンが得られるのだ。例えば、ゴパール・マー（シュリー・ラーマクリシュナの女性の弟子で、クリシュナの幼児の姿であるゴパーラのヴィジョンを不断に見ていた）の人生を考えてみよ。ゴパール・マーは、ゴパーラがいつもそばにいて彼女のために薪《まき》を集める姿を見ていた。また、シュリー・ラーマクリシュナはラーム・ラーラー（子供時代のラーマ）が自分と歩き回り遊んでいるヴィジョンを見ておられた。

ああ、真鍮でできたラーム・ラーラーの像と師とのお遊びが、どれほどすばらしかったことか！師がこうした驚くべきできごとを話された時、私たちにはほとんど理解ができなかった。ある時、ラーム・ラーラーがふざけて水浴びしようとガンガーに入り、深みに進んだ。シュリー・ラーマクリシュナが出てくるように言っても、ラーム・ラーラーがそれを拒むと、師はラーム・ラーラーのほおをおたたきになった。またある時は、「母親のカウサッリャーからバターとクリームを与えられていたラーム・ラーラーに、私からは汚れたポン菓子しか食べさせてあげられない！」とおっしゃって、激しく泣かれた。私たちは口がきけないほど驚いたものだ。霊的な生活の中で大切なのは、神に対する強烈な愛情である。無形の神を礼拝するか有形の神を礼拝するか、そういったことはどちらでもよいではないか。

ギリシュ・チャンドラ・ゴーシュと信者たち

ギリシュ・バーブのような人物でさえ、シュリー・ラーマクリシュナは受け入れられた。師は、あらゆるタイプの人間と交際することがおできになった。われわれはどんな人間も自分の枠にはめようとするが、師は、人間をその者のおかれた場所から連れだし、前進させてくださった。その人間がもつ光に従いその者を作り出すことにかけて、師が期待を裏切ることは決してなかった。それぞれの信者との間に師独自の関係を作られ、何年もの間それを続けられた。師はよくユーモアを用いて彼らを教えておられた。ああ、なんという教師であられたことか！　師のようなお方を、他に一人でも見つけることができようか？

ギリシュ・バーブはよく言っていた。「私の弟は父の手を握って歩いていたが、私は父の膝の上に座っていた。私はシュリー・ラーマクリシュナに、ありとあらゆるたぐいの話をしたが、師は決して腹を立てることはなさらなかった。私はひどく酔っぱらって師のもとを訪れることがよくあった。そのような時ですら、師は私を心から歓迎してくださり、ラートゥ（スワーミー・アドブターナンダ）におっしゃった。『馬車の中に何かあるか見てきなさい。ギリシュがここで飲みたいなら、そうしてあげられるだろうか？』師は馬車の中に酒瓶があることを知っておられた。そして私の目をじっと見つめ、酔っぱらった状態を完全に消してしまわれた。私は『どうしてあなたは酒瓶の効能をすべて台無しにしてしまわれるのですか！』と申し上げたものだ。師は、彼を訪れる者に対して過去のことをおたずねになったが、私の素性についてはいっさいおたずねにならなかった。むしろ私から師にすべてをお話しした。師が私に何かを禁じられることは決してなかった。私がこんなにも師を崇拝していることに、理由がないはずがあろうか?」

シュリー・ラーマクリシュナはよくおっしゃった。「もし水ヘビがカエルをかんでも何の影響もないが、コブラがかんだら、かわいそうに三度鳴く前に死んでしまう」

ギリシュ・バーブが手を出さなかった罪はまずなかった。ギリシュはよく言っていた。「私が飲んだ酒の量は相当なものだ。酒瓶を積んだら、標高はエベレストほどだよ」彼は詩人だったので、そんなたとえを使った。ギリシュは本当にたくさんの量を飲んだ。朝夕に神の御名を唱えるように師から言われても、それを断った。彼は言った。「私にはできるかわかりません。その時間にどんな状態でいるのか、はたまたどこにいるのかわからないのでございますから」シュリー・ラーマクリシュナは食前に神を思いだすよう返された。「それも約束できないのでございます」ギリシュ・バーブは答えた。「訴訟に追われることが多々あり、あれこれたくさんのことを考えなければならないので、それすらできないのでございます」これを聞いたシュリー・ラーマクリシュナは「それならば私にすべてを委ねよ」とおっしゃった。

後日ギリシュ・バーブは、私たちにこの会話について語った。「私は師にすべてを委ねますと即答した。しかし、後になってそれがどれほど難しいことかを悟った。私は師に、夕方に一回神の御名を唱えることすらできないと申し上げた。しかしながら、師にすべてを委ねた後、一作業ごとに師を思い起こさないでは何一つ仕事をすることができないことがわかったのだ」

ギリシュ・バーブは一五年来吸い続けてきたアヘンを一日でやめた。最初の三日間の苦しみはひどく、全身が動かなくなったそうである。けれども四日目までにはもどった。後年、彼はたばこを吸うことすらやめた。

シュリー・ラーマクリシュナは、さまざまな分野に精通されていた。ギリシュ・バーブはかつて師に「あなたはあらゆる点で私を超えています。道を外れたことにおいてすら」と申し上げた。これに対して師は「いやいや、そうではないのだよ。ここ（師ご自身のこと）にサンスカーラ（過去の印象）はないが、実際の体験を通して何かを知ることと、研究や観察を通して学ぶことの間には、雲泥の差がある。経験は忘れることのない印象を残す。私が言っていることは、研究や観察による知識ではない」とおっしゃった。

ある時、ギリシュ・バーブが師にたずねた。「なぜそんなに一生懸命修行をなさるのですか？」師はおっしゃった。「いいかね。ガウリー（母なる神の一名）はハラ（シヴァのこと）の永遠の伴侶であられる。なぜ彼女はあのようにたくさんの苦行をなさったのか？　それは手本を示すためである。私がたくさんの修行をするなら、人はその一六分の一くらいは修行をするのではないかね？」

ある時、師はギリシュにおっしゃった。「ブラフマン（絶対者）の知識について何を知っていると言うのか！　シュカデーヴァはブラフマンの大海を見てそれに触れた。シヴァはその大海からほんの三口飲んだだけでシャバ（死骸）になったのだぞ」ギリシュ・ゴーシュは頭を抱えて叫んだ。「師よ、おやめください。それ以上おっしゃらないでください。頭がくらくらする」

家庭をもつある信者が驚くべき経験をしたことがある。彼は大酒を食らい、たいそういい気分になった。馬車を妓楼《ぎろう》の前で止め階段を上って行った。しかし、階段を上り詰めたところで、扉の前にシュリー・ラーマクリシュナが立っておられた！ 彼は恥じいって立ち去った。神が私たちを救ってくださらない限り、逃れる方法はない。心に悪い傾向をもたない者は幸いである。彼らだけが救われる。個人の努力によってこの類の誘惑を逃れることはできない。シュリー・ラーマクリシュナはいつもおっしゃっていた。「誠実であるならば、母がすべてを正してくださる」

一般的に、人は自分の良い面を見せようとする。自分自身を良くしようと努力するのではなく、人に好印象を与えたいと考えている。シュリー・ラーマクリシュナから最初に学んだのは、他者の意見に注意を払わないようにということだった。師はいつもおっしゃっていた。「世間の評判など唾棄すべきものだ！ 神の方を見て、彼を喜ばせるようにしなさい！」と。スワーミージーも同様だった。

ヴィシュヌ（シュリー・ラーマクリシュナの一信者）は、常に一心に瞑想していた。しかし師が彼に触れると、すぐに意識を取りもどして師を見つめた。ニッテャゴパール（シュリー・ラーマクリシュナの一信者）も、いつも恍惚状態に浸っていた。師はよく彼に「そんなに熱心になってはいけない！ 他人といっしょに暮らせるように、心を降ろさなければいけないよ」とおっしゃった。ニッテャゴパールは、非常に高い境地に達していた。彼の体は輝いていた。まるで彼にはタマス（不活発性）

がないようだった。彼といっしょにいて私は忍耐を学んだ。私たちは、カーリーガート、ビードン・スクエア・ガーデン、カレッジ・スクエアなどのカルカッタ（コルカタ）の公園で夜通し瞑想し、主の御名を唱えたものだった。師は、ニッテャゴパールがパラマハンサ（最高の意識状態）に到達したとよくおっしゃっていた。実は私もいつでも自分をその状態に引き上げて、外界を忘れることができた。

カルカッタとコシポルで

ある日のこと、モトゥル・バーブが自家用の豪華なフェートン（軽量の四輪馬車）でシュリー・ラーマクリシュナをお連れし、ジャンバジャルにもどってきた。馬車がチットプル街にさしかかった時、師はすばらしいヴィジョンをご覧になった。師はご自身がシーターであり、ラーヴァナに誘拐されているところだと感じられた。この思いが師を捕らえ、サマーディに入られた。その時、馬が手綱から離れて転倒した。モトゥル・バーブには事故の状況が理解できなかった。シュリー・ラーマクリシュナが通常の意識状態にもどられた時、モトゥルは師に馬の事故のことをお話しした。するとシュリー・ラーマクリシュナは、法悦境の最中、自分がラーヴァナに誘拐され、ジャターユ（シーターを救おうとした大鳥）がラーヴァナの戦闘馬車を襲って壊そうとしていたところを見ていた、とおっしゃった。これを聞いたモトゥル・バーブは言った。「父よ、あなたといっしょでは、街路を行くことすら難しい！」

またある日、シュリー・ラーマクリシュナはドッキネッショルからバララーム・マンディル（バララームのカルカッタの邸宅）にやって来られた。師は信者が集まる大広間にお座りになった。師の全知を試したいと考え、バララーム・バーブは皿一杯のサンデーシュを持って来て師の前に置いた。バララームはお菓子を誰の分にするか心の中で前もって決めていた。これは師の、これはナレンの、これはバーブラームの、これはラカルの分というふうに。師はバララーム・バーブが師のために用意しておいたまさにそのお菓子を手に取られた。それでバララーム・バーブの疑いは晴れた。

我らの師はバララームの邸宅を何度も訪問された。ある日師は、的を射た物語にたとえて、教えを説かれていた。私は、これらのたとえ話が師の会話の中で自然に出てくることに驚き、師にたずねた。「師よ、あなたはお出かけになる前にお話を準備されておられるのですか?」師はおっしゃった。「いいや。母がいつもそばにいらっしゃるのだよ。私がどこにいても、母が私にアイデアを与えてくださるのだ」

今日私は、ヒラーナンダの伝記を読んでいた。私はそれを大変気に入っていた。ヒラーナンダもまたシュリー・ラーマクリシュナの弟子であり、師に愛されていた。師が死の病を患っておられた時、ヒラーナンダはシンドゥから師のお見舞いにやって来た。彼はシュリー・ラーマクリシュナのためにお菓子とゆったりとしたズボンを持って来た。師はそのズボンを一日中はいておられた。ある日、師はヒラーナンダとスワーミージーに討論をおさせになった。スワーミージーは知識の観点から、ヒラーナンダは信仰の観点から論じた。ヒラーナンダはうまく論じることができなかった。彼はケシャブ・バーブの弟子でもあった。

ある日、シュリー・ラーマクリシュナはご自身の病気について話された。師はのどに痛みを感じているかと問われ、「なんと愚かな！　肉体は霊的にはならない！　神聖になるのは心なのだよ！」とお答えになった。

スパルタ人のように剛健で不屈の精神をもつ者もいるだろう。彼は肉体的な苦しみを辛抱強く耐え抜き、苦しみを押し殺せるだろう。それは何でもないことだ。痛みがアートマンのものではなく肉体のものであると悟る時、人は心を病気や苦しみから切り離すことができる。そして神の意識に集中して生きることができるのである。

私はホーリー・マザーの美しい逸話を、彼女ご自身から聞いたことがある。シュリー・ラーマクリシュナがこの世を去られ、彼女が泣き悲しんでいると、師が彼女の前に現れてこうおっしゃった。「なぜ泣くのかね？　私がいなくなったとでも思っているのかい？　ここにいるではないか！　言ってみれば、私はある部屋から隣の部屋に移った――それだけのことなのだよ。君は私を肉体として見ることはないが、私が存在することをいろいろな形で知っているではないか」

シュリー・ラーマクリシュナの哲学

あるプラーナ（ヴェーダで宣明されている聖典の真理をさらに詳しく述べた物語。神話の書物）に、聖なる御姿は宇宙が溶解した後でも残ると記されている。シュリー・ラーマクリシュナはいつも、大洋の中には決して氷が溶けることがない場所があるのだ、と言われていた。人が神の人格的側面と非人格的側面の両方を悟った後、神を永遠の御姿で崇拝する、それがこの状態であると私には思える。そこでは、氷は太陽の光が入らないために溶けない。私たちは、こうしたことをシュリー・ラーマクリシュナのもとに来るまで知らなかった。師の言葉は聖典だった。師は聖典が教えること以上の教えを教えてくださった。しかし、師ご自身はいつも、師の教えはすべて聖典の中に見いだすことができると言われていた。

シャンカラは一面だけを教えた。自由への道、あるいはニルヴァーナである。師は最初に人を自由にし、それからその人がこの世で生きる方法を教えられた。師は一触れで人を自由にすることがおできになった。しかし、師の指示に従う人たちもまた自由になる。師のお言葉にはそのようなシャクティ（力）があった。まず自由になれ。名と形と全宇宙を放棄せよ。そうすれば、あらゆるものに母を見るだろう。彼女の遊び友達になれ。ニルヴァーナなど気に留めることはない。主にお仕えすることを欲するのだ。私たちは（かくれんぼで）おばあさんにさわったのだから、ふたたびどろぼうになることはできない。人生が苦悩に満ちている時、私たちは母のもとに行く。そして、彼女のことを思うことで平和な気持ちになる。

シュリー・ラーマクリシュナは、日常生活におけるわかりやすい事例を使って教えてくださった。このため、私たちは日常的に師のことを思いだす。師は、木、花、昆虫、人間など、あらゆるものの中に母を見ることを教えられた。生きていようが死んでいようが、私たちは常に母の中にいる。このことに気づき、いつも忘れないようにしなさい。そうすれば、世界が私たちを汚すことはできない。母なしでは人生はどれほど困難なことか。しかし、母とともにあればたやすくなる。母とともにあれば、恐れるものはない。

『ラーマクリシュナの福音』には、どれほど心を動かされることか！　それは常に新鮮に映る。それを読む時、人は主に呼びかけたくなる。

師はいつもおっしゃっていた。「まず、おまえの衣類の端を非二元の知識と固く結び、しかる後に好きなようにせよ。そして彼をあがめよ」すなわち、最初に主があなたの最奥の自己――あなたの命の命、あなたの目の目――であることを知れ。しかる後に自身を彼に捧げよ。

シュリー・ラーマクリシュナは「私ではない、私ではない。主よ！　あなた、あなただけです！　私はあなたのしもべです」と繰り返しおっしゃっていた。信者はエゴを完全に放棄しなければならない。

明確な神の概念を一度に得ることは不可能だ。私たちの言葉を聞きなさい。それらの言葉を熟考しなさい。その結果、ある日啓示を得て、あなたは私たちの言葉が真実であることを悟るだろう。私たちも、神に関するいくつかの疑いを経験する必要があった。聖典を研究することで一層混乱した。その後、シュリー・ラーマクリシュナは私たちに真理をお教えになった。後に私たちは、その真理を忽然と悟るという形で経験した。今や私たちはその真理の中に定住している。

シュリー・ラーマクリシュナは、ご自身にはムクティ(解脱)はないとおっしゃっていた。私は師ご自身の口からこれを聞いた。ここでのムクティとは、ニルヴァーナ・ムクティを意味する。つまり、この解脱を達成すれば、この世に生まれ変わる必要はない。この世の悲惨さにひどく苦しめられているジーヴァ・コーティー(普通の人間)は、生まれ変わることを望んでいない。彼らは生まれ変わりのみじめさからきっぱりと逃れることを求めている。それだから彼らは解脱のために一生懸命努力するのだ。

ジーヴァの苦しみを受けながらこの世に繰り返し生まれて来なければならない師にとって、どうしてニルヴァーナが可能になるだろう? だからシュリー・ラーマクリシュナは、自分が解脱することはないとおっしゃったのだ。さらに、シュリー・ラーマクリシュナはスワーミー・ヴィヴェーカーナンダに、「ラーマとクリシュナだったお方が、いまこの肉体にラーマクリシュナとしておられる。だがおまえの言うヴェーダーンタの意味ではないよ」とおっしゃった。ここで強調すべき点は、ヴェーダーンタのアドヴァイタ派はジーヴァとブラフマンがひとつであるとしていることである。このことを、誰もがラーマとクリシュナ同等であって、彼ら（ラーマとクリシュナ）に特有の資質があった訳ではない、と解釈する人たちがいる。「ラーマとクリシュナだったお方が、いまこの肉体にラーマクリシュナとしておられる」という言葉をスワーミージーが誤って理解することのないように、シュリー・ラーマクリシュナは「おまえの言うヴェーダーンタの意味ではないよ」という言葉でその意味を明らかにされたのだ。すなわち、シュリー・ラーマクリシュナの意識はイーシュワラの意識であって、ジーヴァの意識ではなかった。アドヴァイタによると、ジーヴァは、霊的修行によりサマーディに達して無知を取り除き、ブラフマンと一体であるという知識を獲得することができる。しかし、考えうるあらゆる努力を積み重ねたところで、ジーヴァは決してイーシュワラにはなれない。イーシュワラであるお方は永遠にイーシュワラのままである。人間の肉体を装ってジーヴァのように見えたとしても、彼は依然イーシュワラのままであって、ジーヴァになることはない。

師の子供であると明言する者は、ヨーガ（精神集中）、バクティ（信愛）、カルマ（行為）、ギャーナ（叡智）を——いや、すべてをもっている必要がある。というのは、シュリー・ラーマクリシュナは、すべての宗教の道の統合と調和を体現しておられるからである。昔は霊的進歩のためには特定の道に従うことが習わしだった。しかし今では、他者を愛する寛容さと結び付いた総合的な成長が必要なのである。

スワーミー・トゥリーヤーナンダの書簡

親愛なるシャルヴァーナンダ、

先日手紙を受け取ったが、体調を崩してしまい、今まで返事を書くことができなかった。「ラーマクリシュナの哲学とは何か？」という質問は大変な難問だが、主のご加護をいただき、最善を尽くして答えよう。

ラーマクリシュナの哲学を語ることはたやすいことではない。すべての宗教の信者を励ますため、師は「信仰の数だけ道がある」とおっしゃったのだと思う。自らさまざまな宗教の修行方法を実践し、それぞれが同じ真理に導くことを体験した上で、彼はそのように説かれた。

究極の真理はひとつであり、非二元である。それはブラフマン、パラマートマン（至高の大霊。至高の魂）、バガヴァーン（主）、神などさまざまな名前で呼ばれている。真理を悟った者は、誰もが自分の気質や理解に応じて、それに特定の名前をつけて表現しようとした。しかし、誰も真理の全体を言い表すことはできていない。「彼は在りて在るもの」、それが彼を理解した者たちの最終的な結論である。

ガウダパーダの非創造の教義、シャンカラの重ね合わせ（付託）の教義、ラーマーヌジャの変容の教義、そしてシュリー・カンサのシヴァドヴァイタの教義、それぞれ視点は異なるがどれも真実である。これらの教義はさておき、神は人間が言い表せる表現を超え、認識を超えている。これらの教義の開祖たちは、苦行を実践し、神の恩寵を得て、神の命令によってさまざまな教義を説いた。これらの教義は神という論題を発展させたが、神自体はこれらを超越している。シュリー・ラーマクリシュナの哲学は、この真理を言い表すものである。このように私は考えている。

ハヌマーンはラーマに、「主よ、肉体意識がある時は、私はあなたのしもべです。自分を個なる魂だとみる時は、私はあなたの一部です。そして、自分をアートマンだとみる時は、私はあなたと一体です。私はこのことを固く信じています」と言った。シュリー・ラーマクリシュナは、この言葉は霊的体験のさまざまな段階をもっとも良く言い表しているとおっしゃった。

なぜ遍満する意識であるブラフマン（絶対者）を、礼拝用の神像として見ることができないのだろうか？（これは、カーリー寺院においてシュリー・ラーマクリシュナに示された、あらゆるものになっておられるのは純粋な聖霊であるというヴィジョンに言及したもの）彼は宇宙の隅々にまで存在し、生物、無生物を問わず、あらゆる存在や物質に遍満している。彼の他には何もない。まことに彼はすべてのすべてである。私たちは彼を見ることができないので代わりに物体を見るが、本当は彼がすべてである。名と形は彼から生まれ、彼の中で存在している。波、泡、あぶく――それらはすべて水にほかならない。重ね合わせ（付託）の教義が正しいか正しくないか、それはどちらでもよい！　この「ブラフマンがすべてである」という真理を知った者は、それ以下の見地では満足できないのである。

師はあらゆる思考や概念を超えた状態を経験しておられた。その状態は、名と形、言葉と心を超えている。そこには、プラクリティの領域を超えた（つまり、相対性を超えた）、二者のない唯一者だけが存在する。重ね合わせの教義や非創造の教義は、その一なるものの領域のどこに存在しえよう？ そしてまた、すべての教義――重ね合わせの教義も、非創造の教義も、変容の教義も、そのほかも――は、彼に由来しているのである。

彼だけが実在であり真実である。さらに、彼はすべての個体の源であり、宇宙の源である。この（私という）現れも、彼を忘れないでいるならば真実である。神を忘れてしまえば、名も形も非実在になってしまう。なぜなら、それらは神なしには存在できないからである。（シュリー・ラーマクリシュナは、「ゼロは何個足してもゼロのままである。ゼロに数字の一を足すと価値が生まれる」とおっしゃった。数字の一が神である）しかし、もし神が私たちの思考の中に宿っておられるのならば、その時初めて「芯は葉鞘に属し、葉鞘は芯に属する」という真理を理解することができる。（シュリー・ラーマクリシュナのお言葉に言及したもの「プランティンの木に葉鞘があるかぎり、芯もある」師は、神が人の中に「信者のエゴ」を置かれている間は、絶対者（芯）と同じく相対世界（葉鞘）も真実であるということを表現された）その時初めて、人はバガヴァッド・ギーターの次の言葉を理解することができる。「私はこの宇宙のすべてのものに遍満している（第九章第四節）」、「一本の糸に連なる宝石のように、すべてのものは私につながれている（第七章第七節）」

肝心なことは、私たちは彼を見なければならないということである。彼を見る時、他のものはすべて消え去る。人は彼がすべてであるということを体験する。彼を見るまで、私たちは疑いや混乱を抱き、あらゆる種類の理論や論争に明け暮れる。しかし彼を見るや否や、これらは消え失せる。そして途切れることのない平安と至福を体験するのである。

それゆえ、どのような手段を使ってでも、どのような犠牲を払ってでも、神に到達しなければならない。これがシュリー・ラーマクリシュナの哲学である。師は言われた。「非二元の知識を衣の端に結わえ付け、しかる後に好きに行動すればよい」これは、ひとたび彼を悟ったならば、自分の気質に従い、どのような教えを信仰しようが、それは問題ではないということである。彼を知れば自由を得る。その時から束縛はなくなる。死後、別の肉体に転生するかしないかは、あなたの望み次第である。

ニルヴァーナ（最終的な解放）の求道者は、この世界を夢であるとみる。彼らは自分の心をブラフマン（絶対者）の非人格的な側面と融合させ、ブラフマンと一体になる。一方、人格神を愛する帰依者は、この世界を神の力の現れであるとみる。彼らは存在、知識、至福の絶対者である主を慕う。繰り返し生まれることを恐れない。彼らは自分を神の遊び相手とみなし、神の神聖なお遊びをいっしょに遊ぶためにこの世に生まれてくるのである。彼らはアートマンに喜びを感じているが、それと同時に神に深い信仰を捧げる。彼らはこの世界では何も欲しがらない。仮にニルヴァーナを与えようと言われても、それを拒否さえする。今日はここまでにしよう。

トゥリーヤーナンダ
ヴァーラーナシー
一九一九年四月一八日

［1］これは、ラーマ（大叙事詩ラーマーヤナの主人公。神の化身）の信者であるハヌマーンが、ラーマの二人の息子に言った言葉である。

［出典：Swami Turiyanander Patra (Calcutta: Udbodhan Office), 1963; Prabuddha Bharata, 1924, 1925, 1930, 1974; Spiritual Talks, by The First Disciples of Sri Ramakrishna (Calcutta: Advaita Ashrama), 1968; Swami Turiyananda, by Swami Ritajananda (Madras: Sri Ramakrishna Math), 1963; Udbodhan, vol. 49, no. 10, 1942; Vedanta and the West (Hollywood: Vedanta Press), nos. 123, 130, 131, 132, 145, 151; Vedanta Kesari (Madras: Sri Ramakrishna Math), September 1951; With the Swamis In America, by A Western Disciple (Mayavati: Advaita Ashrama), 1946］

ラムラル・チャットパーディヤーヤ

第四章　ラムラル・チャットパーディヤーヤ

ラムラル・チャットパーディヤーヤ（一八五八～一九三三）は、シュリー・ラーマクリシュナの兄、ラーメシュワルの息子である。二〇代のはじめに、ドッキネッショルにやってきて、シュリー・ラーマクリシュナの従者とともにカーリー寺院の司祭になった。彼は師の弟子や信者の間で、ラムラル・ダッタという名前で知られていた。ラムラルの回想は、カマル・クリシュナ・ミトラの日記に記録されており、日付は、それぞれの記事の最後に書かれているものである。

目を見開いて神を見る

もしだれかがカーリー寺院の中で目をつぶってその人のマントラをくり返していたとしたら、師はその人に、「何をやっているのだね？　おまえはここで生ける母のみ前に座っている。心ゆくまで彼女を見るがいい。これらの霊的修行は、母に直接まみえることができない場合は、あらゆる場所で行いなさい。もしおまえが母親に会いに故郷に帰ったとする。おまえは彼女の前に座って、目を閉じて彼女の名前をくり返すかね？」とおっしゃったものだった。（一九三一年一〇月一日）

主の御名を唱える

朝夕、シュリー・ラーマクリシュナは、主の御名を唱えながら踊ったものだった。

「ジャヤ　ゴーヴィンダ、ジャヤ　ゴパーラ」
（ゴーヴィンダに勝利あれ、ゴパーラに勝利あれ）
「ケシャヴァ　マーダヴァ　ディナ　ダヤーラ」
（ああ、ケシャヴァ、マーダヴァ、卑しき者の哀れみ深き友よ）
「ハレ　ムラーレ　ゴーヴィンダ、バス・デーヴァキ　ナンダナ　ゴーヴィンダ」
（ああ、ハリ、ムラーレ、ゴーヴィンダ、ああ、ヴァースデヴァとデーヴァキの息子よ）
「ハレ　ナーラーヤナ　ゴーヴィンダ　へ」
（ああ、ハリ、ナーラーヤナ、ゴーヴィンダ）
「ハレ　クリシュナ　ヴァースデヴァ」
（ああ、ハリ、クリシュナ、ヴァースデヴァの息子よ）（一九三二年一月三日）

ジャパムの意味とやり方

あるときシュリー・ラーマクリシュナは、ラーマという御名の意味を次のように説明された。「ラとは、宇宙を意味する。マとは、神、または支配者を意味する。宇宙の支配者、というのがラーマの意味だ」彼は、指でマントラをくり返すやり方についても示してくださった。「マントラをくり返す時、決して指の関節に触れてはいけないし、親指の爪が指に触れてもいけない。さらに、指と指との間にすき間があると、ジャパムの結果がそこから通り抜けてしまうのだよ」彼はよく、「義務を果たした後はくつろぎなさい。敵を征服した後はほほえみなさい」とおっしゃったものだ。（一九三一年一二月四日）

御名の力

シュリー・ラーマクリシュナは、いつも「人間の心は、神のお遊び（リーラー）を理解することはできない。ただ望むだけで、彼は不可能なことを可能にし、可能なことを不可能になさるのだ」とおっしゃった。御名の力に関連して、シュリー・ラーマクリシュナはあるときイシャン・ムケルジーに対して、「さて、もし、二両の電車が衝突し、ある人は死に、ある人は生き残ったとする。旅の始めに母ドゥルガーの御名を唱えた人が生き残り、そうしなかった人が死んだ。もしある人のカルマに従えば、その人の足には、すきが突き刺さるはずであった。しかし、その人は母ドゥルガーの御名を唱えて旅にでたので、かわりにクシャ草が足に突き刺さった。これは、彼は母の御名の力によって、大けがしないで済んだことを示すものである。おまえは、これについてどう思うか？」とたずねられた。イシャンは、「はい、師よ。それはありえることでございましょう」と答えた。（一九三一年五月三一日）

断食について

断食について、師はいつも「プラサードを少し頂いた後で、いつもの食事を取っても害はない。人が全身全霊を傾けて断食を守れば、その功徳――すなわち、心の清らかさ――を得ることだろう。けれども、断食で胃袋が痛くなってしまっては、霊的修行を行うことも、どんな仕事をすることもできなくなる。このカリユガ（鉄の時代）においては、人の寿命は短く、体は弱く、食べ物なしでは長く生きることができない。断食をしている間は、神に集中することが困難である。それだから、まず何かを食べて、その後霊的修行に励むのだ」とおっしゃった。（一九三二年一一月一日）

ドッキネッショルでの日々

毎週月曜日には、寺の庭に床屋がやってきて、師の散髪をした（シュリー・ラーマクリシュナは、皮膚がとても柔らかかったので、むき出しのカミソリではひげをそることができなかった。それで、床屋がただ彼のひげを刈り込むようにしたのだった）。

フリダイは誠心誠意師のお世話をした。師はいつも、このようなタイプの奉仕はまれで、親でさえ子どもに対してこんなにもよく世話することはできないだろう、とおっしゃっていた。けれども、後にフリダイは、師にたいへんな苦しみをもたらした。彼らの口論を見ることはおもしろいことだった。師がフリダイに対して怒ったとき、師はたいへんきつい言葉を使ってフリダイをしかった。フリダイは、たいてい黙っていたが、ときどき「おじさん、なんてことを言うんですか？　ぼくはあなたのおいですよ」と言うのだった。一方、フリダイが怒ったとき、師は黙っていたものだった。このような口論があった後は、私は、彼らが口をきくことはもう決してないであろうと思ったものだった。けれども、しばらくすると、彼らはおたがいほほ笑んで話をしたり、からかいあったりするのだった。

この部屋（ドッキネッショルのシュリー・ラーマクリシュナの部屋）は、師が人びとといっしょにうたい、踊り、話をし、冗談をおっしゃった場所だ。彼は、いつもとても快活だった。ときどき彼は私たちをおなかが痛くなるまでひどく笑わせたものだった。師は信者たちに、子どものように「さて、私はこうしたおもしろいことを、実際に見聞したのだよ。おまえたちにこのことを言うのはよくないことだろうか？」とおたずねになったものだった。信者たちは、「いいえ、よくない事ではございません。もっとお話しください。お話をうかがうことは、大好きでございます」と答えたものだった。（一九三一年九月九日、一三日）

カルカッタの世俗的な人びとの信仰

師は、ときどき私に彼の好きな曲、例えば「母よ、私の魂をお救いください」、「母よ、あなたはどんなにこの世を惑わしたまうことでしょう！」や「いつ私はサマーディを得られるのでしょうか？」などをうたうよう頼まれた。もし、私が人前でうたうことを恥ずかしがったら、彼は私をしかって、「何を恐れているのだ？　恥と憎しみと恐れがある間は、人は完全の域には達しないのだ。世間の人びとは虫ケラのようなものだ」とおっしゃったものだった。師はさらに、「おまえが特定の神や女神の歌をうたうときは、まず神がおまえの目の前におられる姿を思い描き、自分のことは忘れて神または女神のためにおうたいするのだと思いなさい。決してだれか人のためにうたうのだと思ってはならない。そうすれば、これっぽっちも恥ずかしいなどと思うことはないだろう」とおっしゃった。

師は、「ほとんどのカルカッタの人は世俗的だ。ある瞬間は礼儀正しいが、次の瞬間は無礼だ。ある人びとは、私のことを赤いふち取りをした服を着て、黒い磨いた上履きを履き、長枕によりかかっているといって批判する。私はこのような世俗の人びとの意見は、ガンガーの潮の干満のようにみなしているのだ。朝、ガンガーの水位は満潮かも知れないが、ほどなくそれは退いてしまう。人びとはいろんなことを言う。私はよく言われても悪く言われても、そういうものにはつばをはく。けれども、信仰と献身に恵まれた人がカルカッタに少しはいる。彼らは聖者に対する尊敬の念を忘れ

ない」とおっしゃった。（一九二九年五月八日、一九三一年一月四日）

シュリー・ラーマクリシュナの踊り

（ラムラルは、師が法悦の中でどのようにうたい、踊られたかを実演した）師は、「おお、母よ、この世は、狂人たちの市場です」という歌をおうたいになられるとき、師は、このように踊ったものだった。師は、左腕を上にあげ、右腕は左肩と平行にした。それから、師は右ひざを曲げてひねり、右足で床を踏んだ。それから腰をひねった。師が高揚したムードにおられたとき、師は前後に行き来し、また円を描いて踊られた。師が、「おお、母よ、あなたはさまざまなムードにおられます」とうたわれたとき、師は踊り、手をたたき、腰を動かし、そして、足でリズムをとられた。

師がいつもうたっておられた歌は、最近では違った調子でうたわれていて、私には耳ざわりに聞こえる。（一九二九年五月八日、一九三一年五月二六日）

シュリー・ラーマクリシュナの歌

もしだれかがうたっているときに調子をはずすと、師は、「おお、おお」と叫ばれたものだった。けれども、もしその人が信仰を込めて夢中になってうたっている場合は、そのように調子をはずしても、それがお気に障るようなことはなかった。師は、ラーガやラーギニー（韻律）や音楽理論には関心がなかった。師は法悦の中でうたわれ、声は柔らかで甘く美しかった。うたわれるとき、ときどき即興で喜ばしいフレーズを加えられた。私は師がうたっている最中に、サマーディに入られたようすをしばしば見た。

私がドラムの伴奏でうたうとき、私の心はドラムのリズムにあった。それだから、神のために心を込めてうたうことは難しかった。師はこのことに気づかれると、「ある人が、キールタンを『ニターイ・アマル・マタ・ハティ（私のニターイは、狂った象だ）』とくり返しながら、規則的にうたっているると想像してごらん。しだいに、感情が深まってくると、彼は、『ハティ』とくり返すようになるだろう。そして、ついには、ただ『ハ』といって、サマーディに入ってしまうのだ」とおっしゃったものだった。（一九二九年五月二〇日）

シュリー・ラーマクリシュナの日課

師は普段朝の三時か三時半に起きられた。そして、師がベッドを出るやいなや、私も起き出したものだった。師が松林に行かれるとき、私は水差しとタオルを持って道を案内するか、彼に従っていった。師はそれから池に行かれ、服を脱ぎ、そして足をぶらぶらさせながら池の階段に座られたものだった。私が水をお持ちすると、師はそれで顔と手と足を洗われた。そして、タオルで体をおふきになり、それから部屋にもどられるのだった。その間、私はすばやく水差しを洗い、服を洗濯した。そして、急いで師の後を追った。部屋で師は新しい服を着て南のベランダに行って歯を磨かれた。それから、師はガンガーの水を少し手のひらにとって、「ブラマー・バリ、ブラマー・バリ! ガンガー、ガンガー! ハリ・オーム・タット・サット!」(ガンガーの水は、ブラフマンと同じくらい清らかである。神のみが実在である)と唱えながら、頭に少し振りかけられた。それから、師はジャガンナータとカーリー神のプラサードを少し食べ、小さなバッグの中に入れてある、ターラケシュワルのシヴァ神にささげられたベルの葉を少しかまれた。師は手を合わせて、部屋にある神の絵すべてにあいさつをしてから、小さな寝台に座られた。

師は普段、二つのムードのうちのいずれかに浸っておられた。ある日には、師はすべての伝統的な清めの方法に従っておられたが、別の日には、そうしたことはすべて無視された。師が二番目のムードでおられるときは、体を適切に洗うことすらおできにならなかった。朝、池からもどってくるやいなや、師はただちに食事を所望し、食事した後でしぶしぶ手を洗われるのだった。ある日、師は「ごらん、母はときどき私を子どものような気分にされ、あるときは気違いのような気分にされ、そしてあるときはのん気な気分にされるのだよ」、と説明された。

朝の九時か一〇時頃、信者たちと話し終えた後、私は彼の体に油を塗ったものだった。しかし、師の頭に油を塗ることは、彼の許しがあるときしかできなかった。ある日、事前におたずねすることなしに、私は髪に油を擦り込むために師の頭に手を置いた。彼はお怒りになって私をしかった。

それから突然サマーディに入られた。私は驚いてあぜんとし、心臓が恐怖のあまり高鳴った。長い時間がたって、師は深くため息をついた後、通常の意識レベルにもどられた。それから師は私に、「あのようなやり方で私の頭に手を置いてはいけないよ。頭にふれる場合は、前もって許しを得ておきなさい」とおっしゃった。

別の日、私は師の頭に糸くずがついていたのを見て、それを取るために思わず彼の頭に手を触れた。師はふたたびたいへんお怒りになり、「なんと、おまえはまた私の頭に触ったな?」とおっしゃった。私は彼の警告のことを忘れていた。師は油を体にすり込んだ後、ガンガーの岸辺のチャンディー・ガートに行って沐浴し、それからカーリー寺院に行かれたものだった。そこで母を花で飾るか、母の足もとに花とベルの葉をささげられるのだった。ときどき、師は花を自分の頭の上に飾り、サマーディに入られた。(原著『プラブッダ・バーラタ』一九三〇年、一三~一四頁)

師の質素さ

師は、雨期には胃弱に悩んでおられた。そういうときには、米とすりつぶした苦いカレーと、スープしかお召し上がりにならなかった。フリダイと私は、師のお部屋の床に寝ていた。あるとき真夜中に私たちは目を覚まし、師が野菜を切って米とスパイスを集めているのを見つけた。フリダイは師に、「おじさん、何をやっているのですか? 朝にやるのじゃだめなのですか? 私たち二人ともここにいます。私たちがぜんぶやってさしあげますよ。どうかベッドに入って寝てください。それにおじさん、あなたの家事のやり方には笑ってしまいますね。野菜と米の量は一人分にもなりやしない。あなたはとてもけちん坊ですね！」と言った。師は答えて言った。「ごらん、私が起きたとき最初は静かに座っていた。それから私は、座っているだけでなまけて何もしないのはよくないことだと思った。それで、私は何か家事をしなければならなかったのだ。ある人は、私がどれくらい食べるかを知らないで、いっぱい作りすぎて無駄にしてしまう。どうしてこうやって準備しているか知っているかね？ 私は、寺院の職員たちが、皿にいっぱい食事を無駄に残しているのを見てきたのだ。

ねえ、フリダイ、おまえは高い階級であるブラーミンの息子だ。それなのに、わずかばかりの食べ物とお金のために、このカーリー寺院で働いている。もしおまえがシホルに土地とお金を持っていたら、ここにきて働くかね？ 質素に暮らすことを学びなさい。さもなければ、幸運の女神はおまえから離れていってしまうよ」フリダイは、「おじさんの言う通りです」と答えた。

ある朝師は、だれかに、歯をきれいにするためにようじを切るように頼まれた。その人はようじを三本持ってきた。師は一本を取り、彼に言った。「この悪党め！ 私はおまえにようじを一本持ってくるようにと言ったのだ。どうして三本も持ってくるのだ？ この二本は取っておいてくれ」次の日の朝、師は同じ人にもう一本ようじを持ってくるように言った。彼が庭に行こうとしたところ、師は「どこに行くのか？　どうしておまえが昨日持ってきたうちの一本を持ってこないのか？」とおっしゃった。そして続けて、「在庫を確かめないで、どうして新しいものを求めて走り回るのだ？　おまえはその木を創造したのかね？　おまえはその枝を気まぐれで折ろうとしたのだ！　創造主だけが、創造することがどんなに難しいかを知っている。おまえはおろか者だよ。きちょうめんに働く方法を学びなさい。何も無駄にしてはいけないよ」とおっしゃった。（一九三一年一〇月八日）

五枚の絵

ある日、師はシンティのベニ・マヒブに「私の部屋に、何枚かよい神聖な絵を持ってきてくれないか？」とお頼みになられた。しばらくたって、ベニ・マヒブは私にそれらの絵を取りにくるようにと言った。私は師のために五枚の絵、すなわちドゥルヴァ、プララーダ、ガウラーンガ、ジャガンナータ、そしてカーメル・カーミニ（蓮の上に立つ女神）を運んだ。今、最後の二枚の絵がカマルプクルにある。（一九三〇年一一月九日）

幽霊

かつて、師とフリダイは、ドッキネッショル寺院にあるクティ（寺院所有者の平屋建ての建物）の広い部屋に住み、そのとなりの小さな部屋に師の母が寝泊りしていた。夜になると二人は靴を履いた男が階段を上ったり降りたり、扉や窓を開けたりする音を聞いた。それはおそらくヨーロッパ人の幽霊であった。クティは寺院が建立される前はヨーロッパ人の住居であった。師はよく「この世がまったく真実ではないということはできない。というのは、私たちはそれを実際に自分の目で見ることができるからだ。同様に、この世が真実であるということもできない。たとえば、この庭がどのように変わったかを見るがよい。以前はここは墓場だった。そしてこのクティはヨーロッパ人の家だった。しかし、今は寺院やそのほかいろいろなものがここにある！ 後にはこの寺院も同様に消えさる。その後、次に何になるか、だれが知るだろうか！」とおっしゃったものだった。(原著『スピリチュアル・トークス』第四版、一九六八年、六六〜六七頁)

キャプテン

師はいつも、「ドッキネッショル寺院のイヌやネコでさえ、清められている。ごらん、母のプラサードを食べ、ガンガーをながめ、その水を飲んで、寺院のまわりを歩くのだよ」とおっしゃったものだった。寺院の庭には一匹のイヌがいて、師はそれをキャプテンと呼んでいた。キャプテンはしょっちゅう母の寺院のテラスの前に座っていた。師がキャプテンを呼ぶと、いつもイヌはやってきて師の足もとに寝転んだものだった。それから師はイヌにルチとサンデーシュを食べさせたものだった。師は一度、「みてごらん、ここにはたくさんのイヌがいる。けれども、キャプテン以外のどのイヌも母の前に座ろうとしない。私は、ガンガーの近くの石段に座ったりガンガーの水を飲んだりするイヌを、他に見たことはない。キャプテンは呪いのためにイヌとして生まれてきたのだよ。彼はあるよいサンスカーラ（前世から持ち越された傾向。印象）を前世で持っていた。だから彼はここにいるのだ。彼は恵まれた魂だよ」とおっしゃったことがある。（一九三一年一〇月一六日）

師の供給者についてのヴィジョン

ある日師は片手にルピーをのせ、もう一方の手に土塊《つちくれ》をのせ、「ルピーは土塊、土塊はルピー」とおっしゃりながら、両方をガンガーに放り投げられた。しばらくたって、師は自分の行為が幸運の女神を怒らせたかも知れないと心配され、母の寺院に行かれた。後で彼は私に、「ラムラル、私は母にすべてをお話しした。すると母は『いいえ、幸運の女神であるラクシュミーは怒ってはいませんよ。恐れることはありません。ごらんなさい、彼らがあなたの供給者です。彼らがあなたを養ってくれるでしょう』と答えられたのだ。それから母は私にヴィジョンを見せてくれた。私は聖なる母のまわりにたくさんの泡がわき起こるのを見た。しだいにその泡はモトゥル、バララーム、スレンドラやその他の大勢の人の姿になった。彼らは母のまわりで手をたたき、『カーリーに勝利あれ、シヴァに勝利あれ』と言った。その後、彼らは一人また一人と母に溶け込んだ。それから私は白い肌の色をした何人かの人たちを見た。私は彼らに会うことはできないが、おまえは彼らに会うだろう」とおっしゃった。近頃は多くの西洋人が師の信者になっている。スワーミージーが西洋に行って講演した結果、多くの裕福な人たちが彼の信者となって彼の仕事を助けている。（一九三一年一〇月八日）

人の意思か神の意志か？

あるとき、ある人が師に、「あるでき事が人の意思か、神のご意思か、どのようにすれば確かめることができるでしょうか？」とたずねた。シュリー・ラーマクリシュナは、「ある人がヴァーラーナシーに行く手はずを整え、まさに出発しようとしていたとしよう。そこに故郷から彼の兄弟が危篤に陥ったという電報が届いた。兄弟に会うためにはただちに出発しなければならない。彼はヴァーラーナシーへの旅を取りやめ、急いで故郷に帰った。さて、これはどちらの意思だと思うかね」と答えられた。

（一九三〇年一〇月二一日）

シュリー・ラーマクリシュナは、すべてお見通しであった

私は師の従者をしていた。しだいに師の弟子たちがドッキネッショルに集まるようになった。それである日私は師に、「私は長年カマルプクルに帰っていません。私はそこに帰って、家や土地のたまった税金を支払わなければならないと思います」と言った。師は、「おまえが帰ったら、だれが私の面倒を見るのかね？」とおっしゃった。私は、「信者たちがいつもきて、しょっちゅうここに泊まっ

ています。あなたの面倒は彼らが見ることができるでしょう。それに、私は長い間留守にするわけではありません。仕事が終わったらすぐにもどってきます」と答えた。すると、師は「ああ、信者たちはやってくる。しかし、彼らは私の生活の習慣がわかっていない。彼らはおまえのように私の世話をすることはできないのだ」とおっしゃった。

次の日の朝、私がふたたび師に許しを求めたとき、彼はしばらく考えた後、「いいや、おまえはカマルプクルに帰ることはできないよ。おまえが私のそばを離れてそこに行くことは、母のご意思ではない」とおっしゃった。

私は彼に、「でも、私は帰る準備が整っています。後は寺院の支配人の許しを得るだけです」と言った。これを聞いて師は指で空中に輪を描き、そこに何かを書いた。それから彼は、「ラムラル、おまえはカマルプクルに帰ることはできないよ。支配人のところに行って彼がどう言うか見てきなさい」とおっしゃった。私が支配人のところに行くと、彼は「だめだ。おまえが今帰るのは不可能だ。寺院の普段の仕事をこなすための人手が不足しているのだ」と言った。それで、カマルプクルへの旅は取りやめになった。

あるとき師は私に、「ここにくる者には、知っている者であろうと、知らない者であろうと、だれであれ、少量のプラサードといっぱいのガンガーの水をささげなさい。他のことはする必要はない。この帰依者への奉仕が、おまえにジャパと禁欲と犠牲の結果をもたらすだろう」とおっしゃった。

それだから私は師の言葉に従って、至福を得た。（一九三一年一一月一三日、一九三一年一〇月二三日）

キリスト教における罪の教義

ある日、師は私に「ラムラル、アーランバジャルの市場に行って、たばことフェンネルの種とクベブを少し買ってきておくれ」とおっしゃった。私は市場に行った。すると、キリスト教の宣教師が道でキリスト教についての説教をし、ベンガル語の「マタイによる福音書」のパンフレットを配っているところに出くわした。私は一部もらい、師のもとに帰った。師は「それはなんの本だね？それをどうか読んでおくれ」と頼まれた。しばらく聞いた後に、師は「止めておくれ。もうこれ以上読む必要はない。この本はただ罪のことしか語っていない。『人は、思った通りのものとなる』ということわざがあるだろう」とおっしゃった。彼はさらに、「神はこの宇宙の支配者であり、すべての存在は彼の御子である。おお、私の心よ、おまえは神の子であることをしっかりと知れ」とおっしゃった。（一九三一年一〇月二八日）

スター劇場にて

ある日ギリシュ・ゴーシュが師のところにきて、「師よ、私どもはダクシャ・ヤージャ（ダクシャ王の犠牲）を今晩スター劇場で上演します。見にいらっしゃいますか？」とたずねた。師は、「ああ、ラムラルと私で行くよ」とお答えになった。その後、師と私は馬車を雇い劇場に向かった。手違いで私たちは裏口から入った。そこは汚く、だれもいなかった。女優が近くにいるのを見て、師は「こんばんは。ギリシュに、ドッキネッショルからお客がきたと知らせてくれないかね？」とおっしゃった。ギリシュはただちにやってきて、師の足もとにひれ伏し、しばらくの間その場にじっとしていた。師はギリシュに起き上がるよう頼まれた。彼が起き上がったところ、シャツが汚れていた。師はシャツを手ではたき、「ああ、おまえはこのきれいなシャツを台無しにしてしまったよ」、とおっしゃった。

ギリシュは私たちを二階に案内し、ボックス・シートを準備した。そして、メーキャップ中の女優たちを呼んだ。彼女たちはすぐにきた。ギリシュは彼女たちに、「師の足もとにお辞儀をせよ。おまえたち自身を清めるこんなまたとない機会はないぞ」と言った。すると師は彼女たちに、「十分だ。おお、祝福された母たちよ。どうか起き上がっておくれ。あなたたちは歌と踊りで人びとを喜ばせている。さあ、どうか楽屋にもどってメーキャップをしておくれ」とおっしゃった。

最初のシーンでギリシュはダクシャ王にふんして舞台に登場した。そして、「今日、私はこの地上からシヴァの名前を抹消する」と宣言した。これをみて師は私に、「おお、ラムラル、この悪漢はなんと言うことを言うのだ？」とおっしゃった。シーンが終わったところで、ギリシュが師のもとに現れてもみ手をしながら、「師よ、ダクシャ王の演技はお気に召しましたか？」と言った。師は、「さて、ギリシュよ。おまえは『この地上からシヴァの名前を抹消する』と言ったな。おまえはそんな言葉を口にすべきではなかった」とおっしゃった。ギリシュは、「師よ、私に何ができましょう？ ただ食べるために私はこれらのことを言ったのです」と言った。すると師は、「ああ、わかったよ」とおっしゃった。

ギリシュが去り、次のシーンが始まった。サチ（シヴァの妻でダクシャ王の娘）が舞台に登場したとき、師はサマーディに入られた。師は、ときおり「ああ、ああ！」と叫ばれる以外は、芝居が終わるまでずっとサマーディに入られたままだった。芝居が終わり私は師を馬車にお連れしたが、師は酔った状態にあった。ギリシュがふたたびやってきて、師にぬかずき、「師よ、芝居は楽しめましたか？」とたずねた。師はお答えになることができなかった。私たちはドッキネッショルに向かった。正常な意識を取りもどしたとき、師は私に「ラムラル、芝居の最後の部分はどうだったか教えておくれ」とおっしゃった。私は物語をお話しした。師は、「ああ、私は芝居をぜんぶは見ていられなかった。けれども、おまえの話を聞いて満足したよ」とおっしゃった。（一九三一年一〇月八日）

道路上での法悦

ある日、師と私は馬車でカルカッタから帰る途中だった。馬車がボラノゴルの交差点に着いたとき、師は私に「ここはボラノゴルか？」とたずねられた。

私は「そうです」と答えた。師は「私はとてもおなかがすいた。お金を持っているかい？」とたずねられた。

私は、「はい」と答えた。

私は師と外出するときはいつも、少しお金を持っていた。というのは、師はときどき道ばたにいる乞食にお金をやるように私に頼んだからである。

すると師は私に「少しカチュリ（あげパン）をファグの店で買ってきてくれないか？」と頼まれた。

私は「もちろんでございます。お待ちください。すぐに買ってきます」と答えた。

私が食べ物を持って帰ったとき、師は馬車におられなかった。御者に「師はどこに行かれたのか？」とたずねた。

御者は、「師はちょっと前に馬車を離れて、あちらの方に行かれました」と答えた。馬車に食べ物を残して私は駆けだし、師が急いで歩いていらっしゃるのを見つけた。私は「師よ、どこに行かれるのですか？　食べ物をお持ちしました」と呼びかけた。しかし師は私の言うことにまったく耳を貸そうとされなかった。それで私は師の腕をつかみ、「一人でどこに行かれるのですか？　さあ、馬車にもどりましょう」と言った。師は、「なんと、おまえはだれだ？」と叫ばれた。そして何度か深呼吸をし、頭をこすられた。しだいに師は正常な状態にもどられた。そして師は私に「さて、少し言っておきたいことがある。私を一人にしてどこかに行く前に、私に『行ってきます。どうぞここに座っていてください。私がもどるまでどこにも行かないでください』と言いなさい。もし私が承知すれば、こうした類のことは起こらないだろう」とおっしゃった。

師がサマーディに入られるとき、写真にみられる通り、一点をずっと凝視された。歓喜の涙が目の外側からあふれ出し、口ひげ、あごひげ、そして胸に流れ落ちた。サマーディに入られた後、師はときどきだれにも理解できない不思議な言葉で話をされた。（一九三一年四月二一日）

ケシャブ・センとのボート遊び

ある日ケシャブ・センが信奉者たちとドッキネッショルを訪れ、師に「師よ、クック氏は学者であって信者です。彼が船でお待ちしています。私たちといっしょに船にお乗りになりませんか？」と頼んだ。師は承諾され、私に「ラムラル、いっしょにおいで」とおっしゃった。ボートに着いたとき、ケシャブは師をクック氏に引き合わせ、クック氏はたいへん喜んだ。

しばらくたって、蒸気船がバラバジャル橋に近づいた。そして師はケシャブに「ケシャブ、私はおなかがすいた。何か食べるものをくれないか？」とおっしゃった。ケシャブは、「お食べになりたいものを、何なりとおっしゃってください。ご用意いたします」と言った。師は「ラムラルにジリピ（甘いお菓子）を買いに行かせよう」とおっしゃった。私はジリピとベテルの葉一巻きとたばこを師のために持って帰った。それから師は私に、ガンガーの水で蒸気船のある場所を清めるように頼んだ。そして彼はそこで軽食をとられた。食べ終わった後、たばこをお吸いになった。夕方で師は忘我の状態になっておられた。私たちは師が蒸気船から下りるのを手伝った。師は、私たちがお運びするときよろけられた。西洋人たちが笑ってケシャブにささやいた。私はケシャブに、なぜ彼らが笑っているのかを聞いた。ケシャブは「彼らは師がワインを飲み過ぎてふらふらになったと言っている」と言った。私は彼らに、師はワインを全然飲んでおられず、神聖な気分にあって、そのために陶酔しているのだと言った。人びとはサマーディに入った師を見て驚いた。

ドッキネッショルに着いた後、師は通常の状態になられた。私は、師がよっぱらいのように千鳥足で歩いているのを見て、西洋人が笑ったことをお話しした。師はほほえみながら「そうかね?」とおっしゃった。(一九三一年一二月一一日)

ドッキネッショルにおけるケシャブの説教

ラクシュミー・プージャーの満月の夜だった。夕方、ケシャブ・センと信奉者たちと、師と信者たちとがドッキネッショルのチャンドニ・ガートに集まった。私はココナッツや他のスパイスで味付けしたふくらし米を、大きなかご三つに入れて持って行き、皆でそれを楽しんだ。しばらくたって師はケシャブに、「ケシャブ、私たちはおまえの説教を聞きたい。ごらん、なんときれいな夕べだろう! 満月がほほえみ、ガンガーがそばを流れている。今度はおまえの口から何か聞きたい」とおっしゃった。

ケシャブは少しためらい、師の前で説教することに怖じけづいた。しかし、師の頼みを断ることができず、彼はチャンディーの歩道に立って話をした。（一九三一年一二月一一日）

師のスワーミージーに対する苦悶

師がスワーミージーのことで苦悶されているのを見て、私は「なぜ彼のことでそんなに思い悩むのですか?」とたずねた。師は、「ラシク（ラシカル・サルカル。カーリー寺院の使用人）がおまえの友だちで、ハズラがナレンの友だちであるように、ナレンは私の友だちなのだ。ナレンは水曜日にまいりましょうと私に言ったのに、もう次の水曜日が近づいてくる。それなのにまだ彼はこない」とおっしゃった。それから師は私に「ごらん、ラムラル。マルワリ人の信者たちが私に甘いものや木の実や干しぶどうを持ってくる。私はこれを食べない。これをナレンに与えて彼が元気かどうか、消息を知らせておくれ」とおっしゃった。

師は食べ物を包み、私に手渡した。私はカルカッタに出かけた。そのころはカルカッタまでは乗合馬車だった。けれども、他に乗客はおらず、他の乗客がくるまでは出発しないため、私はスワーミージーの家までわざわざ歩いていくことにした。スワーミージーは私に対し、「兄弟よ、あなたはお金を持っていなかったのですか?」と非難した。

私は、「持っていました。けれども、馬車が出るのが遅くなることがわかったので、歩いてきたのです」と答えた。

スワーミージーは私の足を洗い、私をあおいだ。私は彼に「あなたは師に水曜日に行くと言ったが、こなかった。彼はあなたのことを心配しています。こうしたしだいで私をここに寄こしたのです」と言った。

スワーミージーは、「そうです。私はいつも師をお訪ねするつもりなのですが、家族のことについての重圧からどこにも行けないのです。今すぐあなたといっしょに行きましょう」と言った。

スワーミージーは服を着替え、縮れた毛にきちんと、くしを入れた。私たちがドッキネッショルに着いたとき、スワーミージーは師の前でおじぎをした。師はスワーミージーのひたいからちりを拭きとった。それから彼はスワーミージーの髪を指でかき乱し、「この気取った髪型はおまえに似合わない。今日は泊まっていくかね?」とおっしゃった。

スワーミージーは、「はい、そういたします」と答えた。

それから師は私に、「ラムラル、どうか彼のために何かおいしい食事を準備しておくれ」とおっしゃった。(一九三一年一〇月二一日)

スワーミージーの誠実さ

スワーミージーがドッキネッショルを去るとき、彼は師に今度の水曜日にまたお訪ねすると言った。師は「何時にかね?」とたずねられ、スワーミージーは「三時に」と申しあげた。次の水曜日にスワーミージーはドッキネッショルに二時に到着し、門の外で待っていた。その日三時にお会いすると約束していたため、師のもとに行かなかったのだ。

師は部屋で信者たちに話をされていた。スワーミージーが門の外で待っていると知らされると、師は信者たちに待っているようにと頼まれ、門のほうに歩いて行かれた。スワーミージーをごらんになって師は、「やあ、ナレン。いつきたのかね? どうしてそこに立っているのかね? いったいどうしたのかね?」とたずねられた。スワーミージーは、「師よ、私は三時に参るとあなたにお約束いたしました。けれども、私は家を早く出てここに着いたら二時でした。真実を守るために、私はここで待っているのです」と答えた。師はこれを聞いてたいへん喜ばれた。二人はそこにとどまってしばらく話をし、その後三時になると、スワーミージーは師といっしょに師の部屋に向かった。

(一九三二年一〇月二二日)

シヴァ・アーチャーリヤとブラマヴラタ・サマーディヤイー

ある日、私はアラムバザールにシヴァ・アーチャーリヤがうたうキールタンを聞きに行った。後で、私は師にそこで聞いた歌について報告した。師は、「シュリー・ラーマの尊い御名をだれがうたったのだって? ああ、私はこのすばらしいキールタンを聞き損なってしまったよ」とおっしゃった。

何日か後に、シヴァ・アーチャーリヤがドッキネッショル寺院にやってきた。私は彼に師にお会いするよう頼んだ。彼は同意した。師は彼に、「ラムラルがあなたのキールタンを聞いて私にそのことを言った。どうか、私のためにうたってくれないか？」シヴァ・アーチャーリヤはうたった。そして、涙が師の目から流れはじめた。しだいに彼はサマーディに入られた。師は後で私にその歌を書き写すようにおっしゃった。師はシヴァ・アーチャーリヤに、「あなたの歌は非常に多くの人に喜びを与えている。四～五時間も続けて声がかれることもなくうたい続けられるとはすばらしい。多くの人を引きつけ、彼らに喜びを与えることができる者の心には、神の力が住まわれているのだ」とおっしゃった。

シヴァ・アーチャーリヤは師をバドラカリ（ガンガーの西岸にある村）に招待し、師は同意した。ある日、シヴァ・アーチャーリヤは旗で飾られた四艘《そう》の船とともにやってきた。師は何人かの信者たちと連れだって、彼の村に行った。私たちは行く途中、キールタンをうたった。師は村で花輪とともに歓迎され、キャンディが配られる間、人びとは主の御名をとなえた。師は忘我の境地に入られた。

その集会で議論があった。ブラマヴラタ・サマーディヤイーはたいへん学識があり、議論が巧みであった。師は彼が何を言っているのかを聞き、どのように他の人を論破しているかを観察していた。突然、師は「母よ、こやつは議論をしすぎです。彼は無味乾燥な学者だ」とおっしゃった。それから師は学者の方に急いで向かい、彼の右ひざに触れ、そして「何を言っているのかね?」とおっしゃった。サマーディヤイーは、当惑しながら「何も言っていません」と答えた。

師のひと触れがサマーディヤイーの心を変えたのだ。それから師は「今、おまえはとても多くのことをしゃべり、人びとと議論していたではないか」とおっしゃった。

学者は「私は冗談を言い合っていたのです。どうか、あまり真剣におとりにならないでください」と答えた。その後、私たちは師をドッキネッショルにお連れした。（一九三一年九月二四日）

ディガンバル・バネルジー

ディガンバル・バネルジーは、シホルの村出身の貧しい男だった。ある日、彼は一〇八の珠《たま》でできたじゅずを持ってきて、ガンガーの水とサンダルウッドの練り粉で清めた後、師の祝福を得るためにそれをささげた。師はじゅずを彼に返して「このじゅずを使ってマントラをくり返し唱えなさい。そして毎日ドラムとシンバルを鳴らしながら神の御名を唱えなさい。そうすることがおまえのためになるだろう。このカリユガでは、神の御名が本当に重要だ。神の御名を唱えることで、瞑想と礼拝と犠牲の果報が得られるだろう」とおっしゃった。

師の恩寵によって、ディガンバル・バネルジーは豊かな地主になった。彼は師の指示に従い神の御名を毎日唱え、キールタンに参加する人に食べ物を食べさせた。彼が師に対して抱いていた愛と

信仰の、なんと深いことか！（一九三一年一〇月八日）

ヴィジョイ・クリシュナ・ゴースワーミー

ヴィジョイ・クリシュナ・ゴースワーミーはよく師を訪ねてきたが、彼はブラーフモー・サマージに深く関わり合っていた。ある日、師は彼に「ヴィジョイよ、どうかいつか一人でおいで。少しおまえに言いたいことがある」とおっしゃった。何日かたって、ヴィジョイはドッキネッショルに一人でやってきた。師は彼に「さて、ヴィジョイよ。ブラーフモー・サマージに深く関わり合うことは、おまえの本性に合わない。おまえは、チャイタンニャの偉大な信者であったアドヴァイタ・アーチャーリヤの子孫である。信仰の泉が内に隠されている。おまえは、首のまわりにじゅずを巻いて、ひたいにはしるしをつけるべきである。けれども、そうするかわりにおまえはこの社会宗教的な組織に深入りしている。このような状態にあるおまえを見ると、私は気分が悪くなる。だから、私はおまえにとって何がよいかをおまえに教えているのだ」とおっしゃった。

それでヴィジョイは師の足もとにひれ伏し、「師よ、私にもう望みはないのでございますか？」とたずねた。

師は、「もちろん、あるとも。主の御名に酔いしれなさい。すると、彼の恩寵がおまえの内側から湧き上がってくるだろう」とおっしゃった。

ヴィジョイは師の助言に従い、大きく変化した。彼はほとんどの時間、じゅずを繰りながらマントラを唱え、多くの聖地で霊的修行を行った。

ある日、ヴィジョイは師のところにヴァイシュナヴァ派らしく装って（すなわち、上腕と首にじゅずをつけ、ひたいと鼻にしるしをつけて）訪れた。彼を見て師は、「たいへんけっこうだ！　おまえの装いはおまえの性質に合っている。おまえは正しい方向に向かっている。神の御名が内面から湧き上がってきている。長年抑圧されてきたが、自然に顕れてきているのだ」とおっしゃった。

ヴィジョイは師の前にひれ伏し、「師よ、祝福をお与えください。どうか、押しのけることはなさらないでください。私は、あなたが人のように振るまっている神ご自身であることを存じております」と言った。師は、「母がすべてを知っている。私は何も知らない。私を通じて語り、行動しているのは母なのである」とおっしゃった。（一九三一年一一月一三日）

私は師を疑った

私はいつも師のことを「アパニ」（年長者や尊敬すべき人に対して使う尊敬語）と呼んだ。というのは、私には彼が私自身のおじであるとは思われなかったためである。私には彼のふるまい、ムード、あるいはサマーディのことを理解できなかったために、ある疑いが起きた。「師は文字の読み書きができない。それなのに偉大な学者たちが皆彼に打ち負かされる。本当に彼は神の化身なのだろうか？」

ある日、私は師に対して「あなたに対する疑いが私の心に浮かびました。私は混乱しています」と申しあげた。

師は、「さて、ラムラルよ。人はこの謎を知性によって理解することはできないのだ。おまえはジリピ（甘いお菓子）を見たことがあるだろう。外見は甘くないように見える。そうであれば、どのようにして人は中身が甘いシロップでいっぱいだと知ることができるだろうか？　もしおまえが私のことをアヴァター（神の化身）だとみなせば、おまえは私に仕える機会が与えられたことで祝福されている。その上、おまえは私の血のつながった親戚だ。それ以上、何を望むというのかね？」とおっしゃった。

当時私は師の偉大さに気がつかなかった。私たちは彼と血のつながった親戚だったが、私たちは彼がだれであるか、気がつかなかった。しかしながら彼の恩寵によって、私は、私たちは彼の身内であるのだから、彼の蓮華の御足に避難すればよい、ということについて深い信仰を持つようになった。私は彼自身の口から、ある人が悟りを得れば、彼の前後七代の家系が解脱すると聞いた。そして、主自ら私たちの家系に人間の姿として誕生したということを考えてみるがよい！　彼の恩寵と彼との聖なる交わりによって、私たちは多くのヴィジョンと霊的経験を得ることができた。それだから、彼は私たちに信仰と彼に対する献身を与えてくれたのだ。〔一九三一年一〇月二三日、協会訳『永遠の伴侶』〔二〇一六年〕、一四八～一四九頁〕

カルパタル（願望成就の木）であられたシュリー・ラーマクリシュナ

一八八六年の元旦の午後、コシポルのガーデンハウスで師は私に「ラムラル、今日は気分がよい。庭に散歩に行こう」とおっしゃった。私は、「そうでございますね、今日は気分がよさそうにお見受けします。まいりましょう」と申しあげた。師は帽子で耳を覆い、つえを手にした。私はショールをかけ、師が階段を下りられるのを注意深く手伝った。庭の道を歩き回った後、師は芝生の上に立ってサマーディに入られた。彼は信者に囲まれた。信者たちは彼に花を降りそそぎ、賛歌をうたいはじめた。彼は彼らに、「これ以上何を言うことがあるだろうか？　悟りあれ！」とおっしゃった。それから彼は幾人かの信者の胸に触れて祝福された。他の信者たちに対してはしばらく待つようにとおっしゃられた。

私はそのとき師の後ろに立って、「これらの信者たちは皆なにがしかの霊的経験を得ている。けれども、私は何を得たというのだ?」と思った。この考えが心によぎるやいなや、彼は私を見つめて「ラムラル、何を考えているのかね？　こっちにきなさい」とおっしゃった。彼は私のショールを押しのけ、私の胸に触り、「さあ、ごらん」とおっしゃった。そのすばらしく輝かしい御姿のことを言い表すことは、私には難しい。

それ以前には、瞑想をしても心の目で自分で選んだ神のお姿の一部分だけが見えていた。御足が見えれば、お顔が見えず、お顔から腰までが見えても、御足は見えないといった具合だった。それにそのお姿は決して生きておられるようには見えなかった。しかしあの日師に触れられたとたん、恵み深く光り輝く神のお姿全体が、生きた存在として私のハートに現れたのだった。（一九三〇年一月一日、協会訳『ラーマクリシュナの生涯下巻五・一三・四』〔二〇一六年〕、五四二〜三頁）

「手と足が焼けつくようにひりひりする」

師の最後の病気の間、コシポルのガーデンハウスで、スワーミー・ニランジャナーナンダが階段に座って、だれも師の部屋に入れないように見張っていたものだった。けれども、師は弟子たちに私はいつでも訪れてよいと伝えていた。ある日私が彼を訪ねたとき、彼は起き上がり、「ラムラル、私の手と足が焼けつくようにひりひりする。どうか、ガンガーの水を持ってきて私にかけてくれ」とおっしゃった。彼はまったく落ちつきがなかった。私は、「どうなさったのですか？」とたずねた。彼は「私は何人かの親しい弟子たちといっしょにこの世にひそかにやってきた。それが今やラーム（ラームチャンドラ・ダッタ）が私の名前を広めている。彼はあらゆる種類の人間をここに連れてきて、彼らに触れて祝福するように頼むのだ。どれほどの重荷を私は背負わなければならないのだ？私はこれらの人びとの罪を引き受けてこの病気になったのだ。ごらん、私はこの世にこれ以上とどまらないだろう」とおっしゃった。私は、「いえいえ、あなたは訪問者に会う必要はございませんし、だれかに触れる必要もございません」と慰めた。それから私はガンガーの水をお持ちし、師の手と足を洗った。すると、師は徐々に落ちつきを取りもどされた。

師の体はとても純粋であり、師は同情に満ちあふれておられ、魂の救済者であった。彼の御足に触れている間、人びとは実に多くのことを願った。多くの人は、師を批判することすらした。しかし、師はそうした人びとの霊的責任も引き受けられた。医者は師ののどの出血を見て、師が話すのを禁じた。しかし師は信者のために最後まで話をされた。（一九三〇年一月一日）

シュリー・ラーマクリシュナの最期の日

私は師の最期の日にその場に居合わせていなかった。ドッキネッショルの師の部屋で眠っていたのだ。午前二時に年長のゴパールとだれか（ラトゥ）がコシポルからやってきて、ドアをノックした。二人は私に、「スワーミージーからすぐにあなたをコシポルに連れてくるように頼まれたのだ。その場にいる者はだれも師が深いサマーディに入っておられるのか、身体を捨てられたのかわからないのだ」と言った。私は泣きだし、二人といっしょにコシポルに急いで向かった。私は師があおむけに長々と横たわっているのを見た。私は、「サマーディのしるしが見えます。けれども、キャプテン（ヴィシュワナータ・ウパディヤーヤ）を呼んできてはいかがでしょうか。彼も師のことをよく知っています」と言った。スワーミージーはただちに彼を呼びにいかせた。キャプテンがきたとき、彼もサマーディのしるしを見た。彼はギー（精製されたバター）を塗って背骨をこすってみてはどうかと言った。最初背骨はかすかにぬくもりがあったが、しだいに冷たくなってしまった。キャプテンはそれでこれはマハーサマーディであって、師は亡くなられたのだと気がついた。師は午前一時にサマーディに入られた。昼までには彼の顔は完全に乾き、目はしだいに閉じられていった。私は最後の瞬間、師はただ「マー（母よ）」とおっしゃられたと聞いた。（一九三二年一〇月二六日）

シュリー・ラーマクリシュナの死後

アヨーッデャーに住む若いラーマーイト派（ラーマチャンドラの崇拝者）の僧が、神がどこか東の方でふたたび地上に降臨されたという幻を見た。彼にまみえるため、その僧はアヨーッデャーから東方に徒歩で出発した。ベンガルに到着したとき、シュリー・ラーマクリシュナという名前の偉大な聖者がカルカッタの近くに住んでいるということを耳にした。彼は長い苦労の末、とうとうドッキネッショルを見つけ出し、だれかに「ラーマクリシュナ・パラマハンサはどこにいらっしゃいますか？」とたずねた。カーリー寺院の者が彼に師はほんの数日前に亡くなったばかりであることを告げた。この胸が張り裂けるようなニュースを聞いてこの僧は、「なんですって！　彼が亡くなられたのですって？　私はアヨーッデャー（カルカッタから約九〇〇キロ）からここまで、ただ彼に会うために歩いてやってきたのですよ。私はたいへん苦労してここにやってきたのに、彼は身体を捨てられたとは！」と叫んだ。この若い僧はむせび泣きはじめた。

カーリー寺院の支配人が彼に寺院の倉庫からいくばくかの食事を提供したが、彼は受けとるのをこばんだ。彼はパンチャヴァティに行き、二～三日、食事をしないでそこにとどまった。ある晩、シュリー・ラーマクリシュナが彼の前に現れ、「おまえは何日間も何も口にしていないね。私はおまえのためにこのプディングを持ってきた。さあ、お食べ」とおっしゃった。彼はその僧に食べさせ、そして消えた。

翌朝、私はパンチャヴァティに行き、その僧が大喜びしているのを見つけた。私は、「何があったのですか？ あなたは昨日はとても不幸せだったのに、どうして今日はそんなに楽しそうなのですか？」とたずねた。それで彼は私にすべてを話してくれた。彼は私に師がプディングを運んできた陶器製のお椀すら見せてくれた。（ラムラルはそのお椀を長い間保存していた。けれどもどういうわけか、それは壊れてしまった）。（原著『ウドボーダン』第四九巻第一〇号）

［1］

おお、心よ、もう一度家に帰ろう！
地球という異国の土地で
異邦人の装いでさまよい歩くのはなぜか？

まわりの生き物も、五大元素も
すべておまえには縁なきこと、何一つ自分のものはない。
こうして異邦人との愛に、
どうして我を忘れるのか。おお、心よ。
どうして身内を忘れるのか？
真理への道を登れ、おお、心よ！
「愛」を道を照らす灯火として、たゆむことなく進め。
旅路の備えとして、美徳を念入りに隠し持て
二人の追いはぎのように、貪欲と迷妄がおまえの富を盗もうと待ちかまえているのだから。
常に平常心と自制をかたわらにたずさえて、
自分を害から守る番人とせよ。
聖者との清き交わりこそは、
おまえを迎えてくれる道ばたの休憩所だ。
疲れた手足を休めて、迷いが生じたなら、
そこで道をたずねるのだ。
道中恐れを感じたら、神の御名を大声で叫ぶのだ。

神こそは道の統治者なのだから、
すると、死さえもが彼にぬかずくだろう。

［出典：Sri Ramakrishna O Antaranga Prasanga, by Kamal Krishna Mittra (Dakshineswar: K. K. Mittra), 1932; Udbodhan (Calcutta: Udbodhan Office), vol. 49, no. 10, 1947］

M（マヘーンドラナート・グプタ）

第五章　M（マヘーンドラナート・グプタ）

Mとは、ヴィッダシャーゴルの高校で校長を務めていたマヘーンドラナート・グプタ（一八五四～一九三二）の筆名である。一八八二年にシュリー・ラーマクリシュナに出会って以来、師が亡くなられる一八八六年まで、その会話と教えを日記に記録し続けた。この日記からの抜粋『シュリー・シュリー・ラーマクリシュナ・カタームリタ』は、まず五巻のベンガル語の本として出版された。これを一九四二年にスワーミー・ニキラーナンダが英訳し、一冊にまとめたのが『ラーマクリシュナの福音』である。晩年のMが信者たちと交わしたシュリー・ラーマクリシュナと霊性の生活に関する会話をスワーミー・ニティヤートマーナンダが書きとめた記録（一九二三～一九三二）は、六巻の『シュリマー・ダルシャン』の書名でベンガル語で出版されている。以下の回想は、そこから翻訳されたものである。

シュリー・ラーマクリシュナとの出会い

シュリー・ラーマクリシュナにお目にかかれたことは、なんとすばらしいでき事だったことか。

当時の私は家庭で父や兄弟とうまく行かずにいた。最善をつくしても、彼らからはひどい仕打ちを受けるばかりだった。精神的苦痛に耐えかねた私は、家を出て死を決意した。ある夜の一〇時、馬車を雇った私は妻と家をでた。姉が住むバラナゴルに行くよう御者に伝えたが、途中シャムバザールの近くまでくると馬車の車輪が外れてしまった。仕方なく友人の家に向かったが、宿を乞われていると思った友人の態度は冷ややかだった。ようやく別の馬車を見つけた私たちは、真夜中にバラナゴルにたどり着いた。

翌日の午後、おいのシドゥと散策に出かけた私は、ガンガーの河辺にある庭園を数軒見て回った。私は疲労と落胆から庭に座り込んでしまった。するとシドゥが言った。「叔父さん、ラスモニの庭園に行ってみましょう。あそこには聖者が住んでいるのです」私たちはドッキネッショル寺院の庭の正門をくぐった。日暮れの半時間前だった。

美しい花壇を前にすると、私の詩情は大きく高まった。摘んだ花の香りに圧倒された。しばらくして私たちはシュリー・ラーマクリシュナの部屋に入った。

師は小さな寝台に腰掛けておられ、弟子たちは床に座っていた。私が知る人はいなかった。「神の名を聞いただけで涙が流れ、髪の毛が逆立つようになれば、これ以上カルマを果たさなくて良いと確信してよろしい」初めて耳にした師の唇から漏れる言葉だった。

砕かれたエゴ

「姿、形のある神とない神では、どちらを信じるかね」二度目に訪れた私に師がたずねられた。宗教上の議論をする傾向があった私は「私は神を姿、形なきものと見なすのが好きです」と答えた。そしてさらに申しあげた。「土でできた像を礼拝するのは無意味というものです。土の像を崇める者には、像ではなく心の内に神を思い描かねばならぬことを説明してやるべきでしょう」当時のカルカッタでは、この論題が盛んに講じられていた。師は即座に私を遮って言われた。「それがおまえたちカルカッタの連中の道楽なのだ。説教をしては他人に教えたがる。だれ一人わが身を振り返って、教えを乞おうとは思わない。他人に説いて回るおまえたちとは何者なのだ」そして続けられた。「おまえが思いわずらうことはないのだよ。宇宙を見てごらん。すばらしい秩序を保って動いているではないか。太陽に世を照らさせ、雨に大地を潤わせ、四季によって季節を巡らせるのは神なのだ。大地の恵みが作物を実らせ、人類を生活させてくれている。神がわれわれのためにすべてをなされているのだ。霊性の世界を見てごらん。国中に寺院や聖地がある。神が聖典を記し、聖なる人びとを創られたのだ。これは霊性の生活を望む人びとのために神が創られたものなのだ。神はだれのことも思っておられる。われわれが思い悩むことはないのだ」師の話を伺って、私は言葉を失った。私の議論好きに終止符が打たれた。主こそ行為者であり、われわれはその道具であることに気づかされたのだった。

家庭問題は祝福

師に出会って七、八日後、カーリー寺院の中庭を歩いていた師におたずねした。「このような苦悶にさいなまれるくらいなら、命を絶った方がましです」師はすぐさま答えられた。「なぜそんなことを言うのかね。おまえにはグルがいる。どうして思いわずらうのだ。いつでもグルが背後にいるのだよ。グルが望みさえすれば、おまえの苦悩は取り除かれるのだ。すべてを好転させてくれるのだ。一〇〇〇人もの人びとの前で、手品師がたくさんの結び目のあるロープを投げて見せた。だれ一人その結び目を解くことはできなかった。ところが手品師が片手でロープをぐいと引くと、結び目はすべて解けてしまったのだ。心配するな。グルがあらゆる障害を取り除いてくれるだろう」激しい苦悩の果てに、とうとう私は師に出会ったのだった。師が私の人生を導いてくださったのだ！後に父がやってきた。われわれは愛情に包まれて和解し、父は私を連れて帰った。神こそが吉祥そのものであることに後で振り返ると気づくのだが、われわれは表面的にものごとを判断してしまうものだ。家庭問題と自殺願望が私を神へと導いてくれたのである。

家では女中のように暮らしなさい

師はよくおっしゃられた。「信者には、二つのタイプがある。内輪に属する者とそれ以外の人たちだ。

内輪の者たちは容易に霊性に目覚めるが、それ以外の者はやや自分勝手だ。苦行を修めなければ知識が得られないと思っているのだ」師はよくこの二つのタイプの信者をナートマンディール（カーリー寺院前にあるホール）にある内側と外側の柱に喩えて話された。内輪の信者は内側の柱であり、それ以外は外側にある柱だとされた。そして師の使命を引き継ぐことになる内輪の者たちに、特別な愛情を抱いておられた。

信者たちのある者たちに、金持ちの家の女中のように家庭に暮らすようにと教えられた。ある者には他者の鑑になるよう、訓練をほどこされた。師は私には、「おまえには教師の役をかってもらおうと、聖なる母が言っておられたよ」と言われ、母に祈って、わざわざ私に多少の力を与えてくださった。神の力無くして人を教えることはできないからだ。当時私が出家を望んでいたことは、師にお伝えしてあった。

ある夜の九時、師は自室におられ、私は西側のベランダに立っていた。師は部屋を出ると、私のそばにきて立ち止まられた。われわれの目の前にはガンガーが甘やかなざわめきを立てて流れていた。すべてが静まり返っていた。突然師が言われた。「いいかね。聖なる母の仕事は自分がいなければ成しとげられないなどと、人に思わせてはならないよ。母はわらくずからでも偉大な教師を創ることができるのだ」そしてさらに言われた。「風呂場の蛇口が漏ったら、配管工が新しいものと交換するだろう。配管工は交換部品をたくさん持っているのだ。同じように聖なる技師（神のこと）は、仕事を継続させるために新しい人を連れてこられるのだ。神の仕事が止まることなどないのだ」師が語られた「母のご意志でありなさい」という言葉を、私は心の奥深いところで受け止めたのだった。

師は私のために祈ってくださった。「母よ、あなたが彼をこの世に留めておられるのですから、どうぞときどきはお姿を見せてやってください。そうじゃなければ、どうして彼がこの世に生きていられるでしょう」

少年の日の思い出

少年時代のあるでき事が思いだされる。私は母とリシラに行き、そこからマヘシでのジャガナート車祭を訪れた。そして帰りにドッキネッショルのカーリー寺院に立ち寄ったのだった。私は四歳だった。カーリー寺院の前に立っていた私は、人混みの中に母の姿を見失って泣きだした。このとき母は別の寺院を詣でていたのである。「ここはラーニ・ラスモニの寺だよ」と人びとが言うのが聞こえた。そこに男の人がやってきて、私を慰めてくれた。おそらくこの人こそシュリー・ラーマクリシュナだったのである。一八五八年のことで、当時神職だった師はここで苦行に励まれていたのだった。私が師に再会したのは二四年後のことだった。

師の修行

あるとき私をパンチャヴァティに連れて行かれた師は、古いバンニャンの木が倒れている場所で深々とお辞儀をしてから言われた。「ここでは本当にたくさんのヴィジョンを見てきたのだよ。どうぞお辞儀をしておくれ」師は愛情深い私の母のようだった。別の折、師にシャツを一枚買ってくるよう頼まれた私は、三枚のシャツをお持ちした。師は一枚取って、他の二枚はもどされた。そして私の感情を害さないように愛情を込めてたずねられた。「何枚シャツを頼んでいたかね」「一枚です」私が答えると、師が言われた。「残りの二枚はどうぞおまえが持っていておくれ。必要になった時に知らせよう。おまえは私の身内だ」なんという放棄の精神だろう！　師には何一つ蓄えることがおできにならなかったのだ。心は常に神に向けられていた。さらに「私の心の妨げになるようなことは絶対にしないでおくれ」と言われていた。師の心が乱れると、信者の害になるからだと話されていた。

またあるとき、師に敷物を買ってくるよう頼まれたことがあった。私がだれかに頼んで買わせるだろうと見抜いた師は言われた。「おまえが自分で行って買ってくるのだよ」なぜあのように言われたのだろうか。それは師にお仕えした印象が心に残るからである。「師に敷物をお贈りした」ことを生涯思いつつ師を瞑想できるように計らってくださったのだった。

母カーリー

師におたずねした者がいた。「神に形はあるものなのでしょうか。それともないものなのでしょうか」師が答えられた。「私は母の両方のお姿を見たことがある。母は不可分のサッチダーナンダであられる。そしてまた信者のためにさまざまなお姿をとられるのだ。わたしはカーリーガット（カルカッタ南部）で子どもと遊び、蝶を追いかけておられる母を見た。アディ・ガンガーの上を歩くお姿も見たことがある」あるとき師が言われた。「母がいらしている。赤い縁のあるサリーを着て、その布端に鍵の束を結びつけておられる」これはドッキネッショルの部屋にケシャブ・センたちがいた時に話されたことである。人びとは師の言葉を聞いたが、母の言葉を聞いたのは師だけだった。ある日師が言われた。「母は寺院の階段を上ったり下りたりしておられる。乱れ髪で、足首の飾りがジュンジュンと音を立てている」コシポルでは、「今日はヴィーナ（楽器）を奏でておられる母にお会いした」と言われた。サーダナの時期には六カ月間、形のない母の相に没頭されたのだった。

ある日ドッキネッショルに行くと、師が自室の北に続く庭の小道を箒で掃いておられた。そして私の姿を見ると「母がここを歩かれるのだよ。それで道を掃除しているのだ」と言われた。

師はよく言われていた。「彫刻、絵画、詩、音楽、こうした芸術はすべて人を思慮深くさせるものだ」彫刻家のナヴィンが、毎日午後三時に米、茹でた野菜、バターの菜食を一日一食しか取らなかったことも、師から聞いた。ドッキネッショルの母カーリーの像を造ったときのナヴィンは、六カ月間の自己抑制と厳しい苦行を実践した。像がまるで生きているかのように見えるのはそのためだ。彫刻家が神に没入しなければ、石像に神性を吹き込むことはできないのだ。

神と語られた師

師にお目にかかる前の七、八年間、私はブラーフモー・サマージに関わっていた。一般礼拝で語られる神についての説法に耳を傾けても、神の存在は遠く感じられた。しかし師を訪れた私は、師が神と語られるのを目にしたのだった。なんというすばらしい理想の姿をお示しくださったことか！

師は「人生の目的は神を悟ることだ」と教えられた。神を悟ることなくして人生は無意味だ。師は神をごらんになられたばかりでなく、まるで私たちが仲間と語り合うように、人びとの前で母と語られたのだった。「母がいらしているよ」と言って、母と語り始められたことがあった。「おお、母よ、だれの言うことを聞くべきでしょう。ある者はこう言い、またある者は別のことを言うのです」すると母が師に何か言われた。ふたたび師が話された。「わかりました。母よ。他のだれでもありません。あなたのおっしゃることを聞きましょう」サーダナを始められた頃、師は母に泣きつかれたものだった。「母よ、世俗的な人びとには耐えられません。体が焼けそうです」母が言われた。「しばらくお待ちなさい。清らかな魂の信者たちがやってくるでしょう」師はその信者たちを二四年近くも待ち続けられたのだった。

無限から有限へ

ヴィダシャーゴルの家に行かれるとき、師がたずねられた。「私のシャツのボタンが外れているのだが、ヴィダシャーゴルは気を悪くするだろうかね」私は、「そんなことはございません！　ご心配はいりません。どうしてあなたに他人の気持ちを害することなどできましょう」とお答えした。

師がどんなにすばらしいお方だったことか！　馬車の中で数分前にはサマーディに入っておられた師は、降りてからも法悦状態にあって足もとがおぼつかなかった。それでも着衣のようすが礼にかなっているかどうかをしっかりと意識されていた。なんというお心を持たれていたことか！　師の行動の内には、相反する二つの考えが調和されていたのだ。御心が世俗を超越して神と融合する一方で、人の世のでき事をも問われていたのだ。この「天と地の交わるところに忠実であること」こそ理想とされるべきだろう。まさにアヴァター（化身）の生涯には見られるところである。アヴァターは有限のこの世に、神なる無限者のメッセージをもたらされるのだ。

「私のことをどう思うか」

ジャドゥ・マリックの家で大きな集まりがあり、ケシャブ・センが講義をしたことがあった。師はケシャブにくり返し問われた。「どうか私の知識と信仰を見定めておくれ。私はどの程度の価値があるのだろうか」ケシャブは返答に窮していたが、とうとうためらいがちに答えた。「師よ。あなたの知識は一〇〇パーセントでございます」すると即座に師が言われた。「おまえの言葉は当てにならないよ。おまえは世の中の富や評判、名声といったものに執着しているのだもの。ナーラダやシュカデヴァのような偉大な聖者が見極めての判断なら、尊重しようというものだ」真理と正義のためには、不愉快な真実を口にされることもあった。人前でもケシャブについて率直に語られた。当時のケシャブは賞賛を浴びていた。彼を愛しておられた師は、妥協することなく真実を語り伝えられたのだった。ケシャブが亡くなったとき、師は泣かれた。

「私にすべてをさせていらっしゃるお方は、内なる母なのだ」とあるとき師が言われた。「私が神の完全な現れだと言う者もいる。おまえ、どう思うか」師が私に聞かれた。私は答えた。「師よ。現れが完全なのか、あるいは部分的なものなのか、私にはわかりません。それでもあなたがおっしゃられた『円い壁穴を通して、壁の向こうの広々とした草地をのぞき見ることができる』ということは理解できます。あなたがその穴なのです。あなたを通してすべてが——果てしなく続く無限の草地が見えるのでございます」師はたいへん喜んで言われた。「そうだ。実によく見えるのだ」

師との暮らし

師は人の持って生まれた性質を見抜かれた。初対面で即座に弟子と見極めて、心の癖を治そうとされた。「二〇〇グラムの土の下に金（自己の知識）が隠れている者もいれば、二〇キロもの土の下に隠れている者もいる。そうなると放っておくしかないのだよ！　だれが二〇キロもの土を掘りだすだろうか」とよく言われていた。

親しい弟子の過去の経歴やサンスカーラをご存じだった師は、それに従って訓練を施された。例えば師と暮らすことが霊性の成長に必要だとされた場合、弟子はカルカッタの家に帰してはもらえなかった。弟子の親戚に病人がでたと知らされても、「構うんじゃない。緊急のときには、近所の人たちが世話をしてくれるだろう。おまえが行く必要はない」と言われた。世間には試練、困難、悲しみ、苦しみが過去にも未来にも永続するが、師は永遠におられないことを示されたのだ。こうした理由から、機会がある内に師と暮らすよう、弟子に強く言われたのである。キリストが「私はいつもいっしょにいるわけではない」と言われたのと同様である。

ドッキネッショルのベルの木の下に行って瞑想をするよう、師から送り出されたことがあった。私は目を閉じて東向きに座した。瞑想を終えて目を開くと、私の瞑想の対象だった師御自身が目の前に立っておられた。私はただちに師にぬかずいた。師は単に指示を出されるだけではなく、指示が実践されているかどうか、一人一人を見守っておられたのだ。できない者がいると、愛情深い母のように助けてくださった。

師の指示で二、三日ドッキネッショルで暮らしたことがあった。ある日カルカッタにある私の自宅から、手紙をたずさえた使者がやってきた。師は手紙を見るなり、ヘビに噛まれたかのような叫び声をあげられた。「何だこれは！　何だこれは！　捨ててしまえ」まるで毒でもあるかのように、私はただちに手紙を投げ捨てた。師との暮らしでせっかく養われていた霊的な気分が、世俗からの知らせによって壊されるとして、知らせを読むことを私に許されなかったのだ。マーヤーの流れに逆らって弟子を導いておられた師は、極端なまでに注意深くあられた。世俗の道は下り坂だが、御自分が進まれているその逆の方向に、弟子を導かれたのだ。

あるとき師が一人の信者にたずねられた。「家族はどうしているのかね。達者でおられるのか」信者は答えた。「なんとかやっております。でもここでは神以外の話をしてはならないとおっしゃったではありませんか」師はこの返事を聞いて喜ばれた。後に師は他の者からこの信者の家族のようすを知らせてもらった。

ギリシュ・ゴーシュが師に「師よ。召し使いが熱をだして六日間も寝込んでしまいました。あなたのプラサードで良くなりました」と言ったことがあった。師はその場で彼をしかりつけられた。「なんてことだ！　おまえはなんて気の小さな男なんだ！　それではカボチャや瓜を神にねだっているようなものじゃないか！　神には不滅なるものを乞うべきなのだ」

無神論者の訪問客が師に紹介されたことがあった。師は男の背中を軽くたたいて言われた。「おや、また何だって無神論者でなんかいられるのかね」師はその男の内面をご存じだった。「私には人の中身が、ちょうどガラスケースの中のように見えてしまうのだよ」とよく言われていた。入ってきた男が無神論者ではあり得ないことを師はただちに見抜いておられたのだ。

ある人の月給は二五ルピーだった。彼はラブリ（煮詰めた牛乳を固めてシロップ漬けにしたもの）や高級な菓子をよく師に運んでいた。後に師がわれわれに話された。「いいかね。あの男が持ってくるものは、私には汚物のように思えるのだ」男の給料は二五ルピーだったが、請求書の偽造によって三〇ルピー余分にもうけていた事実が後に発覚した。師には彼の持ってくる食物が不浄に見えて召し上がることができなかったのだ。

あるとき金の指輪をはめてイシャン・ムケルジーが師を訪ねた。彼は当時五〇歳だった。何ごとも師の目を逃れることはできなかった。指輪を見た師はほほ笑んで言われた。「年老いて体の美しさをすっかり失ってしまった娼婦がいた。それでもいつも耳輪を付けて自分を飾り立てていたのだよ」師の話に、皆が声をあげて笑った。

ドッキネッショルでの師との夕べ

黄昏が近づいていた。師が私に話された。「ヨーギーの心はいつでも神に向けられていて、いつでも自己に没頭しているものだ。卵を暖めて孵す母鳥の眼差しのように、大きく見開かれた瞳の視線は定まらない。意識がすっかり卵にそそぎこまれてしまっているので、その眼差しは虚ろなのだ。

そんな絵を見せてくれるかね」「お探し致しましょう」、私は答えた。（Mにはそのような絵を師の存命中に見つけだすことはできなかったが、後に師の望みを遂げた）

宵が迫ると、寺院に明かりが灯った。シュリー・ラーマクリシュナは聖なる母を瞑想しながら、小さな寝台に腰掛けておられた。それから神の御名を唱えられた。オイルランプが灯されていた部屋に香が焚かれた。カーリー寺院での夕拝が始まると、ほら貝や銅鑼の音が空気を伝わって漂ってきた。月の光があたり一面にあふれていた。

師と昼夜をともにして

師は、聖なる母に捧げていないものは受けとれない心境にあられた。だれかに新しい布を贈られると、まず寺院の母に捧げてから、御自身が使われるのだった。この世に暮らしながら、如何にしてヨーガに没頭できるかを、こうして身をもって示されたのだ。

師がカルカッタのモトゥルの屋敷に滞在しておられた時のことだった。夜中の二時に突然師が「ドッキネッショルにもどりたい」とモトゥルに言われた。モトゥルが「師よ、この時間にどこで馬車が見つかりましょう。夜が明ければおもどりになれるでしょう」と伝えると、「馬車を見つけてきなければ、歩いて帰るよ」と師は言われた。モトゥルには自分の御者のところへ行って馬車の用意をさせ、師をドッキネッショルにお連れするよう頼むしかなかった。カーリー寺院に着いた師は言われた。「母よ、ただいまもどりました」聖なる母は師にとって何ものにも優る存在だったのだ。

師が言われた。「ゴーランガと私は一つだ」師が「ゴール、ゴール」とハミングして御名を唱えておられたことがあった。ある人がおたずねした。「師よ。どうして母の御名ではなく、『ゴール、ゴール』とおっしゃるのでしょうか」師が答えられた。「私に何ができようか。おまえたちには妻、息子、娘やら、金やら家やらのたくさんの退屈しのぎがあるけれども、私には神というたった一つの慰めしかないのだよ。それだからときどきは『ゴール』とお呼びしたり、『母よ』とお呼びしたり、『ラーマ、クリシュナ、カーリー、シヴァ』などとお呼びしたりするのだよ。これが私の時間のすごし方なのだ」

師は聖典に記されているようなブラフマンの真理を一度や二度ならず、常に体験されていた。われわれは昼夜二四時間師とともに暮らし、それを間近に拝見したのだった。師の意識は決して神から逸れることはなかった。夜には床に横たわりながらも、「母よ、母よ」と唱えておられた。ほとんど眠られることはなかった。一五分から三〇分以上続けて眠られることはなかった。こうしたことは通常の悟りを得た人にできることではない。神が人体に化身してきたときにだけ可能なことなのだ。サッチダーナンダは御自身の肉体を通してこの世に示現しているのだと、師は明言されていた。

ある日私に言われた。「キリスト、チャイタンニャ、そして私は一つであり、同じ存在なのだ」このお方は寺院の神職なのか、それとも神なのだろうか。師の本性が明らかにされるとわれわれは戸惑った。「宇宙の母は私の口を通して語られる」師はインスピレーションを受けて語られた。「私は無学な人間だ。しかし母が背後から知識をお与えくださる」と幾度も口にされていた。

カーシープルでの日々

カーシープルのガーデン・ハウスで闘病中の師に「師よ、どうしてドッキネッショルに行かれないのですか」とおたずねした者がいた。「なぜかね」と師に問われて、その人は「母なるカーリーはあそこにおられるからです」と答えた。師は「母はここにはおられないのかね」と言われた。

カーシープルでのホーリー祭の前日、師は手の平で自らのハートに触れてから、指で御自分のまわりに円を描かれた。それからナレーンドラに言われた。「私が何を示したのか言ってごらん」ナレーンドラが答えた。「師よ、全世界があなたから放たれている、という意味でございます」師は喜んでラカルに言われた。「ごらん、今彼は私を理解している」以前のナレーンドラは、神の化身であるアヴァターという観念を受け入れていなかった。しかし今や受け入れるようになったことを師は喜ばれたのだ。

ナレーンドラはカーシープルで次の歌をうたった。

おお、主よ。私はあなたのしもべ、私はあなたのしもべ！
私こそあなたのしもべ！

おお、主よ。あなたは私の師、あなたは私の師！

　あなたこそ私の師！

あなたから私は二切れのパンと腰巻きを頂いた。

あなたの御名をうたうと、私のハートから信仰が沸きだして、苦痛から守ってくださる。

あなたこそ師、慈悲の権化。私はくり返す、おお、主よ！

しもべのカビールはあなたの足もとに避難したのです。


この歌を聞かれた師の目から涙が流れ落ちた。ナレーンドラの声のなんとも甘やかなこと！　師のお声もまた美しく甘美だった。その歌声を聞いた後では、もう他のだれの歌声も楽しめなくなってしまった。師とナレーンドラの歌は甘美なだけでなく、崇高で魅惑的だった。心を高次の意識に引きあげ、神と結びつけてくれたのだった。あのような歌を聞くことはもう決してないだろう。最後の年の師には、うたうことがお出来になれなかった。たいていナレーンドラと信者たちがうたうのを聞いておられた。喉から頻繁に出血するようになると、お身体は骸骨のようにやせ細った。自ら肉体の苦痛に耐えることで、肉体の衣をまとえば身体的苦痛は避けられないことを、人びとに示された。

師は激痛に耐えながらも、一瞬たりとも神を忘れられなかった。これは至高の愛に至った者にだけ可能なことだ。歌に耳を傾け、神を語られる時の師の御心は身体を超越して神の意識に溶け込んだ。「母よ。母よ」と言いながら、外界の意識を失われた。こうした心境にいたることができるのは、神の化身のみである。

カーシープルで死の病に冒されていたときでさえ、子どもの頃のように遊ばれた。ベンガル暦の大晦日を祝う縁日が近所で催された。師は信者を縁日に遣わせて二、三の品々を買わされた。使いがもどると「何を買ってきたのか」とたずねられた。信者が「キャンディとスプーン、それに野菜用のナイフです」と答えると「ペンナイフはどうしたのだね」と師が訊かれた。「二パイサでは買えませんでした」と信者が言うと「急いで行って買っておいで」と言われた。

カーシープルですっかり衰弱した師のお身体は、弓のように曲がってしまっていた。私はひどく意気消沈して師の寝台のそばに座っていた。すると私をごらんになった師が言われた。「なぜそんな座り方をしているのだね。それは良くない。力強く、気を引き締めていなさい。ふさぎ込むのはやめなさい」

カーシープルの師が石製の茶わんを買ってくるよう、私に頼まれたことがあった。だれかが「師よ、茶わんならありますよ」と申しあげた。しかし師は「彼にもう一つ買わせなさい」と言われた。正午だった。私は昼食をとらずに西カルカッタにあるジョラサンコに行って茶わんを買い求め、カーシープルにもどった。師は茶わんを手にとってながめられた。どうしてあんなことをされたのだろうか。この忘れがたいでき事が生涯私を助けてくれるであろうことを師はご存じだったのだ。アヴァターに茶わんを買って差しあげたという思い出は、後に私の心を鼓舞し、生きた瞑想となったのだった。

わが危機

師がカーシープルのガーデン・ハウスで死の床に伏しておられた当時、私はヴィッダシャーゴルのシャームバザール・ハイスクールで校長を務めていた。しばしば師を訪れていた私は、学校での活動に十分な配慮が払えなくなっていた。生徒たちの試験の成績は若干低迷していた。これに不満だったヴィッダシャーゴルが私に言った。「君がシュリー・ラーマクリシュナのところに入り浸りなので、試験結果は良くなかった」ただちに私は仕事を辞して、その旨を師にお知らせした。師は「おまえは正しいことをした」と三度言われた。まったく蓄えがなかった私がひもじい思いをするであろうことを師はご存じだったが、それでも私のしたことは正しいとされたのだった。神のために為されたことは、如何なる行為であっても正しい。まず神に仕え、それから世に仕えるのだ。

仕事を辞めた私はどうやって子どもたちに食べさせていこうかと不安だった。一五日後に別の仕事が見つかった。ヒンドゥ・スクールのある先生が休暇をとったので、校長が私に声をかけてくれたのだ。終身職になりそうだということで、私を後任に指名してくれたのだ。それでも私は心配だった。ある日ぼんやりとベランダを行ったりきたりしていると、階下からだれかが私を呼んでいるのが聞こえた。下りてみると、訪問を促すスレンドラ・ナト・バネルジーからの手紙をたずさえた使いの者がいた。訪ねていった私に、スレンドラ・ナトが言った。「仕事を辞めたそうですね。私たちの大学で働きませんか」こうして私はリポン大学（現在のスレンドラ・ナト大学）で教授として五年間働くことになったのだった。

カマルプクル訪問

師がカーシープルにおられた一八八六年のサラスワティー・プージャーの期間に、私はカマルプクルを訪れた。当時師は私の心を非常に高い状態に引きあげてくださっていたので、私はカマルプクルのいたる所に光を感じた。木々、植物、鳥たち、あらゆる人びと——見るものすべてが光り輝き、私はその前にぬかずいた。

バードワンへの道を辿りつつ、師がその道を歩かれたことに思うと、一粒一粒の道のちりも清らかに見えた。途中まで牛車で行き、残りは降りて歩いた。途中武器を運ぶ男を見た。私は急いで牛車にもどり御者にたずねた。「あの男は泥棒なのか」御者は答えた。「いや、泥棒ではありませんよ。郵便配達ですよ。金を運んでいるから武器をもっているのです。俺たちが泥棒なのさ」話を聞いた私は恐ろしくなった。

カーシープルにもどると師がたずねられた。「あの泥棒の土地はどうだったかね」私はすべてが光り輝いていたこともふくめて、何もかも詳細にお話しした。カマルプクルの道路にいたネコに敬礼したことをお話しすると、笑われた。それから私がもう一度カマルプクルを訪れたいとの希望を表すと、「私の病気を治さなければな」と、ささやかれた。しかしすでに師の病は重く、私の願いはかなえられなかった。

孤独の祈り

師は頻繁に独居について言及されていた。人気のないところにいると、無限に対する感覚が発達する。こうした場所では自然が教えを授けてくれる。これは独居してみないとわからないことだ。師が言われた。「寺院の庭園の木々は、古代のリシ（賢者）が苦行に励んだタポヴァナ（森の隠遁所）を思い起こさせてくれた。リシたちは無限の空、朝日、自然の美しさを見つめたのだ」ウパニシャッドは森で生まれたことから、アーラニャカ（森林書）とも呼ばれている。

空の雲をながめながら、私はこうした古代のリシたちに思いを馳せる。彼らは夏、雨期、初秋、晩秋、冬、春の六つの季節を巡りつつ、神を悟ったのだ。こうした季節の描写は賛歌や対話の中に見られる。この六つの季節については『ラーマクリシュナの福音』にも記されている。行間を読めば、いつ語られたものなのかがわかる。師は語られた。「私が若い頃、ある僧がドッキネッショルにきた。雲を見るなり、彼は踊り出したのだった」

河岸、大洋、広大な草原――こうしたものはすべて神の意識に目覚めさせてくれる。ダージリンから帰った私に師がたずねられた。「ヒマラヤを見て神の存在を体験したかね」他には何一つ言われなかった。遠くからヒマラヤが見えるとむせび泣いたことを師にお伝えした。当時の私にはその意味がわからなかった。後に『ギーター』のなかでクリシュナが「不動なるもののなかでは、私はヒマラヤである」と言われているのを読んだ。私は知らずのうちにその覚醒を感じたのだった。師はよく言われていた。「唐辛子だと知っていても、知らなくとも、噛めば舌が焼けつくだろう」

瞑想法

師は瞑想に関する三つの指示を出されていた。まず雲に覆われた風のない空を想像すること。二つ目は、不動の水を湛えた大きな湖を思うこと。そして三つ目は風のない場所に置かれたランプの揺らがざる炎を心に思い描くことである。

「私を瞑想するのも良いだろう」と師が私に言われたことがあった。形なきブラフマンの瞑想も教えてくださった。あるときベルガリアのマティ・シールの湖に連れて行ってくださったことがあった。湖の魚は飼い慣らされていた。だれも危害を加えたりしなかったのだ。訪問者が炒った米などのエサを水の中に撒き与えると、大きな魚が群をなして食べにきていた。恐れ知らずの魚たちが水の中を泳ぎ回って、うれしそうに戯れていた。師が私に言われた。「魚を見てごらん。姿形なき神を瞑想することは、至福と意識の大海に住む魚のように楽しく泳ぎ回ることなのだ」果てしない空を自由に羽ばたく鳥の例もあげられた。こうして姿無き神の相を瞑想する心的状態の受けとり方を指示されたのだった。師を瞑想することは、不二のサチダーナンダ（存在・意識・絶対の至福）を瞑想することと同じであり、それは心と言葉を超えている。

師は夜中の二時か三時頃、ガンガーの土手をまるで獅子のように行きつもどりつされることがあった。そのとき間、師にはアナハタ音（オーム）が聞こえてくるのだった。ヨーギーに聞こえる音だ、と言われていた。

ある日ドッキネッショルがひどい雷雨に見舞われたことがあった。師は部屋を行きつもどりつしながら、マントラを唱えておられた。おそらくは聖なる母の恐ろしい姿を見ておられたのだろう。鼻歌をうたわれた。「おお、母よ。恐ろしいお姿をとられたあなたが刀を手に踊られると、大地は震える。母よ、あなたは三つのグナの権化、悪魔の破壊者、救世主、シヴァの伴侶」

ある日忘我の気分にあられた師は、まっすぐに伸びた道幅の広いバラックポール・トランク街を一人で歩いておられた。後に私たちに話された。「あの美しい道路が、まるでまっすぐに伸びて広がる僧侶のハートのように思えたのだよ」

簡素な生活と崇高な思い

食物について師は言われていた。「少しばかりの米とほうれん草を食べて、一日中神の御名を唱えなさい」肉、魚、野菜、そして甘い物まで皿を並べる必要がどこにあろうか。現世的な人びとの興味は外的な物事や世俗的な喜びにそそがれる。一方霊性の生活を知る者やグルを持つ者は、多くの物を必要とはしない。必要最低限のものに満足して、生涯サーダナを行ずるべきである。師の実家がラーハー家の人びとによって修復されたことがあった。扉に装飾が施されているのをごらんになった師が言われた。「なんのための飾りなのか。ジャッカルが入ってこないように扉さえ付いていればよろしい」しかしだれがそのような洞察を持とうか。

師はご自身の生活を例にして、さまざまな人生の問題を解かれた。簡素な食事を摂り、残りの時間はラーマの御名を唱えられた。「私の理想は小屋に暮らし、自分で野菜を育て、質素な食事をし、常に神の御名を唱えるブラーミンの未亡人だ」とよく言われた。スワーミー・ヴィヴェーカーナンダの家族が飢餓に苦しんでいた頃、師は言われた。「米とレンズ豆の質素な食事はできるだろう。それ以上はいらない」

初心者は毎日決められた時刻にジャパと瞑想を行ずるべきだ。忙しくとも朝晩瞑想の座に着かねばならない。訓練がすべてを容易にしてくれる。師は言われていた。「三時とは言わなくとも、四ときには起床すべきだ。四、五時間眠れば充分だ。早朝には神を思うのだ。聖なる人びとはこの時刻に瞑想をする。この時刻はブラフマ・ムフルタすなわちブラフマンの時間と呼ばれていて、霊的な流れがあたりに行き交うのだ」

夕食には注意を払わねばならない。食べ過ぎると、早く起きられなくなる。そこで師は教えられた。「大砲に火薬を詰め込むように、昼飯は腹いっぱい食べてもよいが、晩飯は軽くしなくてはならない」

シャームプクルで私に言われた。『バガヴァッド・ギーター』を読みなさい。ヨーギーのための中庸の食事が教えられている」ヨーギーは食べ過ぎたり、小食過ぎたりはしない。質素で良質の消化し易いものを食べる。師は信者に、米とギー（精製されたバター）を牛乳といっしょに摂るよう勧められることもあった。それが古代の賢者たちの食事だったと話された。

信者であれ。愚者であってはならない

日々の生活を実践的に暮らす方法を師は信者に教えられた。細かな注意が行き届かずにうっかりしていると、霊的生活の進歩は極めて困難になる。神にいたるにはこうした気づきの力が必要であり、不誠実や不注意があってはならない。スワーミー・ヨーガーナンダがひびの入った鍋を買わされたとき、師はしかって言われた。「どうして確かめないであの鍋を買ったのだね。店屋というのは信仰のためじゃなく、商売のためにいるのだよ。どうしてそいつを信じて騙されたのだ。信者であっても、愚者になってはならない！」それから師は鍋を交換させに、彼をふたたび店まで行かされた。

師の眼力のなんと鋭かったことか！　どんなにこまかなことも見逃されなかった。ある弟子がべ

テルの葉一〇枚分の金額一パイサを払いながら、六枚しかもらわなかったことがあった。師は彼をしかって言われた。「どうして騙されたりしたのか。ちゃんと枚数はもらわなければならないよ。余分な葉は他の人に配りなさい。決して騙されてはならない」この師の言葉には深い意味が込められていた。注意が足りないと、情欲と金によってマーヤーに欺かれることになるからだ。不注意から騙され易い心理状態を形成してしまう人もいる。

私がパンチャヴァティに師の傘を置き忘れたことがあった。師の部屋にもどるやいなや師は腹を立てて言われた。「法悦状態の私には身体に布をまとっているのさえ難しいのだ。それでもそんなうかつなことはしないよ」生活全体がダルマ（信仰）に基づいていた師は、行動のひとつひとつが完璧だった。信仰に従ったり、従わなかったりするのは良くないことだ。食べるときも、歩くときも、眠るときも、夢見るときも、じゅずを繰るときも、集中するときも、礼拝するときも、また聖典を読むときにも――あらゆる条件において、意識は一つの思い、一つの理想――すなわち神の実現に集中していなくてはならない。

今日では、ダルマが外界でのでき事に無関心であることを意味すると考えている人がいる。しかし師はそんな考えを容赦されなかった。「そうした無関心はタモグナ（暗性）のせいだ」とされた。ある点では非常にきちょうめんでいらした。第一に清潔であることを言われた。一般的には習慣的な怠惰から不潔になることが多い。神を思って自分の身体を忘れる人が何人いるだろうか。神は不潔な人間にはお姿を現されない。外面・内面双方の清らかさが必要とされるのだ。第二には無駄遣いを許されなかった。わずかな無駄遣いも師には耐えがたいものだった。カーシープルでは、一切れで足りるのに六切れのレモンを切った信者をおしかりになった。「信者たちが苦労して稼いだ金をおまえは浪費しているのだよ。浪費するくらいなら、けちん坊の方がまだましだ」師はまた皿に食べ物を残すことも嫌われた。第三に破れていたり、汚れた着物を着ることにがまんがならなかった。「富の女神はつぎはぎだらけの着物を着た人を避けるものだ」と言われた。第四に乱雑さを嫌われた。すべてが然るべき場所に整頓され、美しく扱われるよう指導された。第五に自炊などの自立を教えられた。「霊性の求道者は自炊して、神にささげた食物をプラサードとして頂くべきだ。そうすれば他者に頼ることもないし、霊的な卓越を失わずにすむ」とされた。

よく言われていた。「偉大な礼拝は四六時中為されている。疎かにされてよいものは何一つないはずだ。食事、散歩、移動、語り、眠りなど生活のあらゆる活動の最中に神を思うべきだ」

完璧であること

（ミヒジャム・リトリートの台所にある貯蔵庫が整然としているのに気づいたMが、次のように述べている）まるで聖堂のように美しい。治療のためにドッキネッショルからシャームプクルにいらした師は、まず台所の貯蔵庫で調理器具を調べられた。陶製の鍋にコイル・スタンドと蓋がないのに気づかれると、すぐさま市場に遣いを出された。乱雑さにはがまんがおできにならなかった。きちんと整理整頓し、然るべき場所に収まるよう厳しく言われた。日夜サマーディに没入し、まとっている布も忘れてしまわれる一方で、日々の生活の細々としたことにも注意を怠られることはなかった。師は「塩の勘定ができる人は、砂糖菓子の勘定もできる」と言われていた。

ファラハリニ・カーリー・プージャの夜、ドッキネッショルのナトマンディールで芝居『ヴィディヤスンダル』が上演された。師はその一部をごらんになった。翌日役者たちが師の部屋まで表敬訪問にやってきた。ヴィディヤ役を見事に演じた若者を気に入られた師は言われた。「おまえの演技はとても良かった。歌や音楽、踊りなどの一芸に秀でる者は、誠心誠意努力するなら、神の悟りにもすみやかに達するものだ」力も同様である。世俗に振り向けずに神にこそ力を向けるのだ。あらゆる知識は神からやってくる。それだから何を学ぶにしても不注意があってはならない。どんなことをするにも、全力で取り組まねばならない。サトウィックな人は自分のために仕事はしない。すべてを神のために為す。あらゆるものが神であり、衣食住をふくめた身の回りのことにきちんと手入れが行き届いていなくてはならない。偉大な礼拝はいつでもどこでも為されているのだ。

三つの実践的な教え

師は三つの実践的な教えをわれわれに授けてくださった。第一にあらゆる人びとに慈悲深い態度を持つことだ。人間とは善悪の混合である。第二に雄々しくあれ、ということだ。まちがいがあったときにはしかることも必要だ。さもないと善意に付け込まれてしまう。しかし威嚇しても噛みついてはならない。「ネコに皿の魚を盗まれても、私は思いやりのあまりネコを叩けないのでございます」と申しあげたところ、師はすぐさま反論してきっぱりと言われた。「それではいけない。ネコを押しのけたって、ネコが死ぬわけではないのだ」私は自分の平和主義的な態度を評価してくださるだろうと思っていたが、師はそれに抵抗するように忠言されたのだった。行為しそこなうことを非暴力とは呼べない。むしろそれはタマスすなわち暗性を示すものだ。第三に性悪な人を見たら、虎の神に向かってするように遠くからあいさつをするよう教えられた。すべてが神ではあっても、虎の神からは安全な距離をおくものだ。さもなければ殺されてしまうかも知れないのだ。

鑑としてのシュリー・ラーマクリシュナ

師から以下の話をうかがった。師が二五歳でドッキネッショルにこられた頃のことである。トーター・プリーがくる以前にもさまざまな僧侶が師を訪れていた。その内の一人がしばらくパンチャヴァティに暮らし、ゴパーラ（赤子クリシュナ）に仕えていた。師は彼を訪れてはその教えに耳を傾けられた。伝統に従うならば、グルには三日間仕えねばならない。師は水や食物などを僧のところに三日間運んだ後、止められた。「どうしてもう訪ねてこないのか」と僧に訊かれた師は答えられた。

「三日間お仕えすることを心に決めたのです。もう時間切れになりました」

ハタ・ヨーギー（ポーズと身体の浄化を行ずる者）がドッキネッショルのパンチャヴァティに滞在していたことがあった。アヘン中毒になっていた上、毎日一シーア半の牛乳を所望していた。入り用の金を集めてくるよう彼に頼まれたラカルは、カルカッタの信者に伝えようと答えた。信者たちが師の部屋に集まると、そのハタ・ヨーギーも木製のサンダルをカタカタ鳴らしてやってきた。ヨーギーがラカルに金の件を促すと、すぐさま師が信者に言われた。「この人に何かあげてくれないかね」信者たちは黙っていた。すると師が続けて言われた。「ああ、おそらくは値しないと感じたからなのか、この人には何もあげたくないのだね。だれも反応しないのだもの」師が気を利かせてくださったおかげで、信者たちは負い目を感じずに済んだのだった。

若い弟子（ラトゥのこと）は、ドッキネッショルで師とともに暮らしてお仕えしていた。あるとき彼は在家の信者からサンダルを贈られた。師にお仕えすることでいつも忙しかった彼は、サンダルを履く時間もなかった。ある夜ジャッカルが片方のサンダルを運んでいってしまった。それを知られた師は、一時間も庭のまわりを探し回って、とうとう見つけてくださったのだった。師からサンダルを受けとった若い弟子は叫んだ。「師よ、何てことをしてくださったのでしょう。私がお仕えするべきなのに、反対になってしまうとは！」そう言って師の手からサンダルを頂いた。師はなんという愛情を信者たちに注いでおられたことだろう！

アダル・センは英国式の教育を受けていた。あるとき彼は師とともにジャドゥ・マリックの家に行った。彼は女神シンハ・ヴァーヒニーにお辞儀はしたが、捧げ物はしなかった。師は急いでアダルに言われた。「おまえは母に何もささげなかったぞ！」そこでアダルは「師よ、神像に敬礼してから捧げ物をすべきだと知らなかったのです」と言うと、一ルピーをささげた。

時おり師は言われていた。「私の勝手だと思われたくないので普段は言わないが、ここにくるときには、一パイサ分のカルダモンかアーマラキーか何かを持っておいで」信者がこなくならないよう、高価なものを言われることはなかった（こうすることは信者のためだと師は言われていた。ヒンドゥーの習慣に従うと、神や聖者を訪れる際には花か果物などをささげることになっている）。

師の若い弟子だったシャシーは、セントラル・カルカッタに住んでいた。氷が好物だった師は、カルカッタから一パイサ分の氷を持ってくるように彼に頼まれた。シャシーは夏の盛りに一〇キロもの距離を歩いて、布にくるんだ氷を師のところまで運んだ。焼け付くような太陽をものともしなかった。師に仕えることに限りない喜びを感じていたのだ。師はその氷を入れた水を飲んでおおいに喜ばれた。最後までシャシーはなんと献身的に仕えたことだろう！　彼は身の心もすべてを師の足もとにささげることで、偉大な人となったのだった。

ふたつの道

師を訪れて、悲しみに暮れていた者がいた。師は言われた。「いいかね。苦悩は喜びに優るのだよ。ニヴリッティ（放棄）はプラヴリティ（感覚対象への執着）に優るのだ。苦悩が心を神に向けてくれるのだ」またあるとき、カマルプクルからきた女が師に申しあげた。「私にはだれ一人この世で頼れる人はいません」師はこれを聞くと、喜んで踊り始められた。そして「だれもいない者には、神がいらっしゃるのだ」と言われた。女は平安を得て帰途に着いた。

われわれは二つの道があることを師から聞かされていた。ヴィディィヤ・マーヤー（知識の道）とアヴィディィヤ・マーヤー（無知の道）である。アヴィディィヤ・マーヤーを通して人は、金、家、名声、評判、快楽などを得る。しかしこうしたものは心を神から逸らせてしまう。慈悲、清らかな交わり、苦行、聖典の学習、そして巡礼などはヴィディィヤ・マーヤーの分類に属する。神の実現を助けてくれるのだ。

プラサードの価値（聖別された食物）

師はよく言われた。「このカリ・ユガの世では、ジャガンナータ寺院のプラサード、ガンガーの水、そしてヴリンダーバンの土がブラフマンの真の現れだ」師の神聖な見解はわれわれには理解しがたいものだった。毎朝師はジャガンナータ寺院のプラサードを極少量召し上がる前には、他の物は口にされなかった。小さな布袋に入れたプラサードは、自室の西側の壁近くに収めておられて、われわれに分け与えてくださった。ある日師からプラサードを与えられたナレンドラは、「不潔な干し飯です」と言って拒否した。そこで師は彼に問われた。「食物の人体への影響を信じるかね。例えばアヘンは便秘を生じさせるし、トリファラー（ハリータキー、アーマラキー、ビビータキーの三種類の熱帯果実）には下剤の効果がある」ナレンドラが答えた。「はい、それは信じます」すると師は「それと同じようにこのジャガンナータ寺院のプラサードを食べる者は皆、知識と、献身と信仰にいたるのだ」と話された。ナレンドラはそれ以上議論せず、プラサードを食べた。彼は師の一言一言を信じた。師が真実を語る精神科学の達人であることを知っていたのだ。

師は「私はプリーのジャガンナータ神だ」と幾度も語られていた。二、三度私をプリーに遣わされて、聖なる場所ですべきことを指示してくださった。「ジャガンナータ神を抱きしめなさい」と言われたことがあった。私は窮地に追い込まれてしまった。巡礼者は祭壇に祭られている神像を抱いてはいけないことになっているからだ。しかし寺院に私が入ると、師がある考えを吹き込んでくださった。私はポケットに入っていた硬貨と紙幣を、わざと寺院内部の薄暗い聖所に落とした。神職たちがその金を拾い集めようと走って行った隙に、私は祭壇に駆け上がって主ジャガンナータを抱いたのだった。だれかに見つかって叫ばれたが、私は急いで下りると、神像のまわりを回り始めた。暗がりの中では、だれも私だとわからなかった。

私に主ジャガンナータを抱くように言われたのも、そのやり方を教えてくださったのも師だった。そしてその実行を容易にするため、神職たちの心に貪欲さを引き起こしてくださったのもまた師だったのだ。今さらながら、どうしてあのような大胆な行動が私にできたのだろうと思う！　師がプリーに行かれたことはなかった。師は「もしプリーに行ったら、私の肉体はそれ以上もたないだろう」と言われていた。私がプリーからもどると、師は私を抱きしめて言われた。「ようやくジャガンナータを抱きしめたいという願望を満たすことができた」

ヴァイシュナヴァの僧がドッキネッショルにやってきたことがあった。師はマザー・カーリーに捧げてあったルチと菓子を彼に持たせた。しかし、狂信的なヴァイシュナヴァだった僧は、カーリーにささげられていたプラサードを投げ捨ててしまった。師は腹を立てて言われた。「あいつは叩きのめされて、ここから放り出されても仕方あるまい」三日後、僧は庭師と口論になり、殴られて放り出された。後で師は嘆いて言われた。「あいつは母のプラサードを投げ捨てたのだ。もし食べたくないのなら、だれかにやるか、返すべきなのだ」

世俗の人びとへの忠告

サマーディは人間にとって自然な状態なのだが、不自然に見えるのはなぜだろうか。それはわれわれの世俗の快楽に対する渇望のせいだ。欲望がやむと、サマーディが起こる。人びとはマーヤーの海に溺れているのだ。師がカルカッタに行かれる折には、馬車の窓越しに通りの人びとをごらんになられたものだ。「裁判所の角の近くで一人だけ高い霊性の意識の人を見た。後はすべて世俗的な思いの人たちばかりだった」と言われたことがある。世俗的な考えの人は食べること、眠ること、子どもを作ることに忙しいのだ。

またあるとき、バラバザールに行かれた師は、地下の小部屋に店を開いている男を見つけられた。日の光も月の光も差し込まぬ場所だった。頭をかがめなくては入れないような場所だった。男はそこで陶器やら煙草パイプやらを商っていた。私は気づかなかったが、後になって師が言われた。「人は金を稼ぐためになんという努力をして苦難に耐えていることだろう。あの耐乏と集中力を神に向けることだってできるのだよ」しかしだれがこのような観点に立って物事を考えられようか。師は人類に善を為すためにいらしたのだ。その御心は常に神にむけられていた。しかし人びとの心は世俗のことに注がれている。

師はつねつね、脂性の体質が現れている人は神と快楽、すなわちヨーガとボーガの両方を欲しがると言われていた。乾燥体質の人はひたすらヨーガに専念するものだとおっしゃった。

堕落への道

クリシュナは『ギーター』の中で霊性の生活から堕落する七つの段階について語られている［1］。

「堕落への道は坂道のようなものだ。下り坂になっていることにはまったく気づかないものなのだ」と師は言われていた。師がウィリアム要塞（地下数階の所に建てられた軍事兵舎）を訪ねられたことがあった。「最初はそんなに下って行っているとは気づかなかった。ところが何てことだろう！見あげると、地下三、四階の低さの所にいたのだよ。これと同じように感覚の対象を思う心は気づかない内に、深みに沈んでいくのだ」

カルカッタの中心にあるタンタニアのカーリー寺院を訪れた師は、ベランダでトランプ遊びをしている神職たちをごらんになった。師はこれを嘆いて言われた。「ごらん。こんな神聖な場所でトランプをしているよ！」束縛された魂は近所に出かけていって、トランプ遊びに午後を浪費する。決して神を求めたりはしないのだ。

世俗的な話

アーシュウィン・ダッタの父親は副判事で、退職後師を訪ねるようになった。その良い性質と身体的な特徴をごらんになった師が、ドッキネッショルに三日間滞在するように彼に言われた。師のお部屋が訪問客であふれ返ると、ダッタ氏が世俗の話題を持ち出し始めた。ちょうど師はサマーディに入っておられた。外界の意識を取りもどしてすぐ、師は世俗的な会話を耳にされたのだった。師は合掌すると謙虚にダッタ氏に頼まれた。「神以外の話を聞くのは耐えられないのです」

師を訪問した男がたずねた。「どうすれば神を悟れるのでしょうか」師はこの人が職を持っていないことを聞いておられたので、ただちに言われた。「まず仕事を探しなさい。それから神を知る方法を教えてあげよう」

シュリー・ラーマクリシュナとギリシュ・チャンドラ・ゴーシュ

一八八四年の九月、師は『チャイタンニャ・リーラー』(チャイタンニャの生涯)の芝居を見に行かれた。われわれもお供した。ギリシュ・ゴーシュが師のために桟敷席を手配し、大きなシュロの葉であおぐ男を雇ってくれた。師が「いくらかかるのだね」とたずねられたので、私は「お金はかかりません」とお答えした。「あなたが観劇にいらしたので、皆喜んでおります」と言うと師はうれしそうに言われた、「私が母の御名を唱えると、皆がすべてをしてくれるのだ」何ごとも御自分の手柄とはなさらなかった。母がすべてをなされていたのである。

シュリー・ラーマクリシュナはまた別の折に、スター劇場にギリシュの芝居を見に行かれた。無料で観劇したくなかった師は、ギリシュに一ルピーを渡された。受けとった金を頭の上に乗せるとギリシュは踊りだした。彼はその一ルピーを師からのプラサードと見なして、自宅の聖堂に保管していた。

師がバララームの家に向かう途中、ギリシュ・ゴーシュの家の近くを通りかかられた。ギリシュはベランダに腰掛けていた。若い弟子のナーラーヤンが彼を指差して師に言った。『チャイタンニャ・

リーラー』を書いたギリシュ・ゴーシュがいますよ」生来謙虚な性質の師は、合掌してギリシュにあいさつされた。ギリシュはバララームの家まで師のお供をした。そこで師が彼に言われた。「芝居は良く書かれていた。多くの人が喜ぶだろう」ギリシュが答えた。「師よ、私はなんの値も無い者です。そのようなおほめの言葉に値する者ではありません。私が座る場所はどこでも七キュービットの深さまで穢れてしまうのです」師はたちまち法悦状態に入ってうたいだされた。

ドゥルガーの御名を唱えつつ死ぬことができるなら、
どうしてあなたが、おお、祝福されたお方よ、
私の解脱を拒んだりできましょうか、
どんなに私が哀れな者でありましょうとも。
私はいっぱいの葡萄酒を盗んだかも知れません。
まだ生まれぬ赤子を殺したかも知れません。
女や牛を殺したかも知れません。
いや、ブラーミンを殺したかも知れません。
しかし、それがすべて事実だったとしても、
私は少しも不安を感じません。

あなたの甘美な御名を唱えるなら、
私の哀れな魂はブラフマンをも切に望むでしょうから。

この歌を聞いたギリシュは慰めを感じた。師が彼を祝福された。その後でギリシュは師のカルカッタでの訪問先をおたずねし、そこで師をお待ちした。徐々に彼の生活は変わった。ある日彼は友人と馬車でドッキネッショルに向かった。二人とも泥酔していた。師にすがってギリシュはうたいだした、「おお、主よ。あなたの愛おしいラーダーは何処に」後に師が言われた。「ギリシュはなんという信仰を持っていたことか！ 計り知れないほど深い信仰を持っていたのだ」

ある日、師はギリシュにガンガーで沐浴して、「おお、すべてを洗い清める母なるガンガーよ、私を祝福してください」と祈るように言われた。ギリシュはしぶしぶ師に言われた通りのことをした。しかしガンガーに浸ってみると、彼の心は至福に満たされた。これぞまさに母なるガンガーの偉大さである！ 師は言われた。「このカリ・ユガには、ガンガーの水はブラフマンの真の現れなのだ」

別の機会にギリシュが師におたずねした。「どうして私はときおり気が滅入ってしまうのでしょうか」師が答えられた。「この世にいる限り、マーヤーの雲が起こるだろう。それを恐れてはならないよ。ときどき上がったり下がったりするのが心の性質というものだ」ギリシュが言った。「師よ、あなたは在家の者であろうと、出家であろうと、だれをも清らかにする力をお持ちです。すべての掟を越えていらっしゃいます」彼の信仰のなんと深かったことか！　師は同意して言われた。「そうだ。それは可能だ。あふれんばかりの信心を持つなら、聖典にある訓戒をすっかり超越できるのだ」ここに師本来のお姿がかいま見られる。この様なことがアヴァタール以外のだれに請け合えようか。ギリシュが師にお願いしたことは、なんであれ実現した。彼は師に申しあげた。「以前の私がどんな男だったたか、そして今の私は――あなたを思っただけでこのように変わったのです」

ギリシュはなんという信仰を持っていたことだろう！　師がよく口にされた。「ギリシュには一二五パーセントの信仰がある」師は見た目のふるまいは問題にされなかった。中身をごらんになられたのだ。「私には人の中身がガラスケース越しのように見えてしまうのだよ」と言われた。今生だけではなく、過去世、来世をもお見通しだった。ギリシュは気ままな暮らしをしていたが、根は霊性の人だった。

師の訪問を受けたギリシュの家では、市場で買った軽食を盛られた皿が信者たちの座っている絨毯の上に直接置かれていた。敬虔な師の信者だったバララーム・バーブも同席していた。ギリシュの師に対するもてなしは礼儀にかなっていないと思ってバララームが腹を立てた。シュリー・ラーマクリシュナはバララームを見つめてほほえむと言われた。「これがここでのやり方なのだ。私がおまえの家に行ったときには、おまえのやり方でもてなしておくれ」バララームは厳格な正統ヴァイシュナヴァの信者だったのである。

ラシックの話

ラシックはドッキネッショル寺院の庭の掃除人だった。師が彼の話をされた。ある日ラシックが師におたずねした。「師よ、私には何が起こるのでございましょうか」師は彼を祝福して言われた。「おまえが死にゆくときには、私を見るだろう」ラシックは自分が修行する中庭にトゥルシの茂みを植えた。やがて病に倒れた彼はある日の正午、息子たちを呼んで自分をトゥルシのところに連れていくよう妻に頼んだ。そしてその場所で完全に意識を保ったまま、師の御名を唱えつつ肉体の衣を捨てたのだった。

ラシックは偉大な魂だった。長い間にわたって師にお会いしただけではなく、師が神の化身であることも認識していた。師の恩寵によって、あえて「私に何が起こるのでございましょうか」と問いかけることができたのだった。師は掃除人だったラシックに不死を与えられた。師のお話によると、あるときラシックは「母よ、ブラーミンであることの誇りを打ち砕いてください」と目に涙をためて祈りながら、自宅の排水溝を自分の髪の毛で掃除していたということだ。

シュリー・ラーマクリシュナのユーモア

師はときどき信者たちを笑わせるようなおもしろい話をされることがあった。あるとき語られた話だ。「少年たちが仲間内ではどんな話し方をするか知っているかね。『ねえ、雨で水浸しになった通りを歩いていたら、何を見たと思う。通りの近くの排水溝でシャドがたくさん跳ね上がっていたんだよ』（通常シャドという魚は川でしか見られない）」

師は声色や身振り、しぐさの物まねがたいへんお上手だった。まねている相手に成りきってしまわれるのだった。信者が神以外の話も聞きたいとご存じだった師は、多くの滑稽な話を語られた。信者たちの心が鎮まると、ふたたび高い境地に持ちあげられるのだった。霊的生活の初期段階では機知とユーモアが必要だ。漬け物のような効果があるからだ。漬け物をひとかじりすると、また食が進むものだ。師は信者を鼓舞するためにさまざまな方法を取られたのだった。

あるときドッキネッショルに伺うと、小さい方の寝台に師が横たわっておられた。暑い夏の日で私はかなり汗をかいていた。床に座っていたマニ・マリックに、師が話しておられた。「こうして英国人たち（英国式の教育を受けた人の意）がここにやってくるのは、私の中には何かがあるという証拠だ」こうしてユーモアの中にも御自身の本性が明かされていたのだ。

師はよくドッキネッショルからカルカッタに馬車で行かれた。馬が年をとって弱っていると、少し走っただけで、途中で止まってしまうのだった。こうした折に師が御者に訊かれた。「おい、どうしたのだね」御者は「なんでもございませんよ。馬が一息ついているだけですよ」皆が笑った。師はなんと機知に富んだ方でいらしたことだろう！　人も馬のように年とって弱ってしまうと、神を見ることはできないとされたのである。笑わせながら、皆を教えてくださったのだった。

よく物語をされた。市場で雄牛を買う農夫は、一頭ずつ尻尾に触って試してみるものだ。おとなしい雄牛は目を閉じて地面に寝そべってしまうが、強い雄牛は尻尾を触られたとたん跳びはねる。これは気性を示しているのだ。勢いのある雄牛は七五ルピーだが、おとなしい牛はたったの五ルピーだ。神を求める者は、安楽な生き方を望まない強い雄牛のごとくあらねばならない。

師の馬車での移動には、たいてい往復で三ルピー二アナかかった。あるときバララームが、師がドッキネッショルに帰られるための馬車をたった一ルピー四アナで手配した。師に「どうして料金がこんなに安いのだね」とたずねられたバララームは、「師よ、私が安く雇ったのです」と答えた。ところがドッキネッショルへの途中バラナゴルのあたりで、馬車の車輪が外れてしまって、師は通りで動きがとれなくなってしまわれた。ちょうどそこにドッキネッショルに向かうモトゥルの息子トライロキヤが、豪華な二頭立ての四輪馬車で通りかかった。師は気まずく思って布でお顔を覆われた。後に師はバララームのケチがもとで起きたこの一件を語られ、われわれは皆笑った。

スライドショー

たくさんのスライドが入った幻灯機をたずさえた魔術師がやってきたことがあった。写真を拡大する二台の映写機があった。魔術師がひもを引っ張ると写真が変わるのだった。子ども一人が一パイサずつ払った。魔術師は節をつけて語り出した。「ごらんください。これがカルカッタ、そしてこれがボンベイでございます。これが王様と王妃の宮廷です」こうしてさまざまな写真を見せられた。彼が「さて、バドリナラヤン（ヒマラヤの有名な聖地）をごらんあれ」と言うと、師は突然子どものように好奇心をもたれてスライドの拡大透視装置をのぞきこまれた。バドリナラヤンをごらんになった師は法悦状態に入ってしまわれた。これでは果たして写真が必要だったのだろうか。後で通常の次元に下りてこられた師は、魔術師に料金を払うようある信者に言われた。その人は四パイサを払った。すると師が憤慨して言われた。「なんと！　バドリナラヤンを見せてもらったのに、たった四パイサしか払わないのとは！　どうか一ルピーあげておくれ」

なんというお心を師は持たれていたことか！　昼も夜も神に酔っておいでだった。ほんの少しの刺激でもサマーディに没入されてしまうのだった。あのようなお方には生涯お目にかかったことがない。

サーカスでのシュリー・ラーマクリシュナ

ある冬、サーカスの一座がカルカッタにやってきた。われわれは一番安い半ルピーのチケットを買って、師といっしょに見に言った。天上桟敷のベンチに腰掛けて、師が言われた。「ああ！　これは良い場所だ。ここからはサーカスがよく見える」子どものように喜びを抑えきれないでおられた。さまざまな離れ業が披露された。大きな鉄の輪が所々につるしてある円周の上を馬が駆け回った。

イギリス人のサーカス乗りの女は、片足で馬の背に立ち、馬が輪の下を通る度に跳び上がってその輪をくぐり抜け、また片足で馬の背に降り立つのだった。馬は円を一周したが、その女は一度も馬から落ちたり、バランスをくずしたりはしなかった。

サーカスが終わって、師と信者たちは馬車の近くの野原に立っていた。寒い夜だったので、師は緑色のショールでお身体を包んでおられた。

師が私に言われた。「馬が稲妻のように駆け回っている間、あのイギリス人の女が片足で馬の上に立っていたのを見たかね。何て難しい離れ業だろう！　ずいぶん練習を積んだに違いない。ほんの少しでも注意を怠れば、腕や脚を折ってしまうことだろう。命を失ってしまうかも知れないのだ。家住者の暮らしも同じような困難に出くわすものだ。神の恩寵を受けたごくわずかな者が霊性の修行の果てに成功するのだ。しかしほとんどは失敗する。世間に暮らすと、ますます世間に巻き込まれていくものだ。世俗に溺れ、死の苦悶にあえぐのだ。ジャナカのように極わずかな者だけが、家住者として霊性の生活を送りながら苦行の力によって成功するのだ。それだから霊的な修行は絶対に不可欠だ。さもなければ、この世に正しく暮らすことはできない」

理想の師シュリー・ラーマクリシュナ

師は決められた時間にジャパと瞑想を行うようわれわれに忠告されていた。日々の日課は厳格に守るよう教えられた。カーシープルで病床にいた師が弟子に言われた。「夜にはジャパと瞑想をしなさい。夜にはすべての活動を止めて神に祈るのだ」さらに言われた。「古代のリシは厳しい奮闘努力の後に神を実現したのだ。早朝アシュラムを出ると、だれにも修行を邪魔されないよう、深く森に入った。そして夜になるとまたもどってくるのだった。こうして神のヴィジョンを得たのだよ」彼らの言葉がヴェーダのマントラとなったのだ。師が言われることはすべてまたマントラであった。

あるとき師におたずねした者がいた。「道とはなんでしょうか」一瞬のためらいも見せず師が答えられた。「グルの言葉を信じることとだ」そしてさらに言われた。「グルの言葉とはどのようなものだろうか。怒濤逆巻く大海に投げ込まれた人は、息をしようともがくだろう。この決定的瞬間に救命ボートが到着する。グルの言葉とはこの救命ボートのことだ」自分のグルの言葉を信じなくてはならない。師はまた「グルとする人は事前に徹底して吟味すべきだ」とも言われた。一旦グルとして受け入れたならば、グルを離れてはならない。洗濯を頼んでいる洗濯屋のように取り換えることはできないのだ。

イニシエイションに関しては「ここ（御自身を意味する）を訪れるだけでよい」とある人に語られていた。舌の上にマントラを書いたり、特別な指導を与えられることもあった。「アヴァターを見たものは神を見たのだ」と言われたことがあった。キリストもまた「私を見た者は父を見たのだ。私と父は一つである」と言われている。師は御自身がだれなのかをご存じで「ここを訪れるだけでよい」と言われたのだ。師にお会いするだけで霊性が目覚めた。ジャパや瞑想をするのはなぜだろう。正にこの目覚めのためなのである。

ある日ハーズラーがじゅずを繰ってマントラをくり返していた。師はそのじゅずを取りあげると放り投げてしまわれた。「ここに座りながらもじゅずを繰っているとは！」つまり見神を目的とするじゅずを繰るという行為が、アヴァターが目前でなされていたのだ。ジャパにそれ以外の目的などあろうか。

ある信者は師を訪れると、瞬きもせずにじっと師を凝視したものだった。彼が帰った後で、師が他の者たちに言われた。「あの男は心を完全に私に集中していた、他になんの必要があろうか」つまり彼はサーダナ（霊性の修行）の目標に達していたということだ。ほかの時、師が私に言われた。「カルカッタにいる例の人に私を瞑想するように言っておくれ。そうすれば、他に何もすることはない」

夜になると、師は母にたずねられた。「さて、母よ。信者にあの伝言を言付けたのはまちがいだったでしょうか。母よ、あなたがあらゆるものになっておられるのはわかっています。――五大元素も、心も知性も思いも自己も――二四の宇宙原理もすべてあなたなのです」師は御自身の聖なる本質を意識しておられた。神以外のだれにこのように語ることができようか。

御母堂がガンガー岸のバクル・タラで死に臨んでおられたとき、師はその足にすがって泣き叫ばれた。「お母さん、私を胎に孕まれたあなたとはどなたなのですか」師は御自分が至高のブラフマンであることをご存じだった。アヴァターに生を授けられた御母堂が、普通の母親ではなかったことを語っておられた。

カルカッタのハリタキバガンに隠遁してひそかに修行をしている信者がいた。ある日、なんの前触れもなく師が彼の家を訪問された。彼は驚いてびっくりしてしまった。そして謙虚に申しあげた。「師よ、私がおうかがいすべきところを、わざわざお越しくださいましたとは」師が彼に言われた。「神に祈りなさい。そうすればだれかが助けにきてくれるだろう」師が信者のことを非常に案じておられたのは、そうした理由からだった。

ただひとつ必要なものは神への思慕である

神にいたるのに外的に必要なものはない。師は「孤独のうちに母に泣きついて、『母よ、どうぞお姿を現してください』と秘かに祈りなさい」と教えられた。ある裕福な信者がプラサチャラナ（誓願に従って、神の御名を決められた数だけくり返すこと）を行ずるための大きな別荘を建てた。この話を耳にされた師は、彼をしかって言われた。「なんということだ！　なんと浅はかな考えなのだ！家の外に看板を立てて神に祈りたいのかね。神という計り知れなく貴重なお方は、ハートに住んでおられるのだ。神には秘かに祈らねばならない」

私はジャパの数を数えるためのグラム（ひよこ豆）を持ち歩いていたことがあった。一〇八のジャパをくり返すごとに一粒を脇に置いていた。これを見つけた師が言われた。「これでは、虚栄心をそそることになる。五万回御名をくり返したとか、これ見よがしのプラサチャラナになってしまう。神は隠れた宝だ。そのグラムをよこしなさい。ふやかして食べてしまった方が良かろう」

師のお心はほとんどサマーディにとどまっていた。ある人が師の目の前で傘を閉じたところ、たちまち師がサマーディに入ってしまわれたことがあった。落ちつき無くさまよい出る心を如何に集中させるかを教えるヨーガを思い起こされたからだった。師はすさまじい集中力をお持ちだった。あるとき法悦状態の師が焚き火の上に転んで手にやけどをされたことがあった。外界の意識を取りもどされると、少年のように祈られた。「お母さん、やけどを治してください」

魚とベテルの葉を口にするのを止めた人がいた。これを聞いて師が言われた。「それが大事なことだと思うかね。本当の放棄とは情欲と金の放棄だ。魚とベテルの葉を止めたからって何が得られるのだ。豚肉を食べていても、心は神に集中していられる者こそ祝福されている。一方で、聖別された菜食を食べていながら情欲にかられ、貪欲な人は哀れというものだ」

秘かに神に呼びかけなさい

師がナヴィン・セン（ケシャブ・センの親戚）の家をコルートラに訪ねられたことがあった。ケシャブ・センはすでに他界していた。私はほど近いシャムプクルに住んでいた。その夜家族が寝静まると、私はナヴィン・センの家に向かった。外のベランダに座って、階上から聞こえてくる師の歌に聞き入った。ああ、なんという歌声だったことか！　会話は聞こえなかったが、歌は聞こえてきたのだった。私がベランダに座っていたことはだれも知らなかった。満月の夜で、私は一人家路に着いた。今でもつい先日のことのように思いだされる。翌日師を訪れると、部屋は人びとでいっぱいだった。私は離れたところに腰を下ろした。突然師が私の近くまでいらして言われた。「秘かに――たいへんよろしい」師は私がナヴィン・センの家に行ったことをご存じだったのだ。それから「秘かに神に呼びかけるのは良いことだ」と言われた。師はこうして私を励ましてくださったのだった。

シュリー・ラーマクリシュナの祈り

師の一つ一つの言葉が偉大なマントラだった。どの言葉をくり返しても、完璧にいたるのだ。そしてまた師の祈りもマントラだった。マントラがすべてサンスクリット語である必要があろうか。マントラはベンガル語でも良いのだ。師は次のように祈っておられた。

母よ、ここにあなたの徳と悪徳があります。
両方を取りあげて、あなたへの純粋な愛だけを授けてください。
ここにあなたの知識と無知があります。

両方を取りあげて、あなたへの純粋な愛だけを授けてください。
ここにあなたの純粋さと不純さがあります。
両方を取りあげて、あなたへの純粋な愛だけを授けてください。
ここにあなたの正義と不義があります。
両方を取りあげて、あなたへの純粋な愛だけを授けてください。

師は深い感情を込めたお声で次の祈りをくり返されたものだった。

母よ、肉体の快楽はいりません。
母よ、名誉も名声もいりません。
母よ、八つの超能力もいりません。
母よ、他の百の力もいりません。
母よ、あなたへの純粋で変わらない無私の信仰を与えてください。
母よ、あなたの幻惑のマーヤーに決して惑わされませんように。

これがわれわれの主の祈り、普遍の祈りである。イエス・キリストもまた弟子に祈りを教えられた。

「天にまします我らが父よ、ねがわくば御名をあがめさせたまえ。み国をこらせたまえ。みこころの天に行われるごとく、地にもなさせたまえ。我らの日用の糧を今日も与えたまえ。我らに罪を犯す者を我らがゆるすごとく、我らの罪をもゆるしたまえ。我らをこころみに会わせず、悪より救いだしたまえ。国とちからと栄えとは限りなくなんじのものなればなり」

師はまた別の祈りもされていた。

おお、母よ、あなたは操縦士、そして私は機械です。
あなたが住まわれるお方、そして私は家です。
あなたが御者、そして私は馬車です。
あなたが動かしてくだされば、私は動きます。
あなたが私にさせられることを私が致します。
あなたが語らせられることを語ります。
母よ、私ではなく、私ではなく、あなたです、あなたです。
母よ、あなたは私の避難所！

あなたこそ私の避難所！　あなたこそ私の避難所！

師のサマーディ

カルマが放棄されると、サマーディにいたる。サマーディの状態では何が起こっているのかだれが知ろうか。それは体験した者にしかわからないことだ。言葉には言い表しがたい。アヴァターと偉大な魂はこの状態にいたるのだ。ほとんど常にサマーディに浸っておられた方と暮らせたわれわれは、実に恵まれていた。師の恩寵によって、今では私にも多少は理解できる。言葉としてではなく、自分の存在の深みで感じられることである。師は触れることや単に願うだけで、サマーディの経験を人に伝えることがおできになった。

たった一度でもサマーディにいたるのは極めて難しいが、師は日に何度も、まるで取りつかれたかのようにサマーディを経験されていた。サマーディから降りてくるときには、「私にはパンディットはわらくずのように思える（彼らが無味乾燥な知識人でブラフマンの至福を味わうことができない、という意味）」と言われた。われわれは本当に恵まれている。師の恩寵を賜って、師の伝言をかいま見たのだから。塩人形が海の深さを測りにいって海に消えてしまった。何が起きたのかだれに知ることができようか。このサマーディは、人生の至高善である。

真理にしがみつけ

真理にしがみついている者は、何ごとも恐れる必要はない。すでに七五パーセントは目標に達しているのだ。師とともに馬車に乗ったある夜のことがまざまざと思いだされる。西カルカッタにあるショババザールの交差点近くにくると、師が私に言われた。「真理にしがみついていれば、神を見るだろう」なんというメッセージだろう！

ジャドゥ・マリックは、チャンディーのリサイタルの準備をすると約束していたのに忘れてしまった。「ジャドゥ、どうしたというのだ。まだチャンディーの手はずを整えていないのか」と言って師は彼に注意を促された。

ヴィッダシャーゴルは師をドッキネッショルにお訪ねすると約束したのに、結局きなかった。ある日師が私にたずねられた。「このヴィッダシャーゴルというのはどういう男なのだね。約束を守らなかったのだよ」「人の言葉とは、象の牙のようなものだ」とよく言われていた。象の牙が引っ込まないように、唇から漏れた言葉も成しとげられるべきだ、という意味である。

師の忍耐

師は寺院の職員からの批判に黙って耐えておられた。ある信者がわずかばかりの金銭を贈り物としてホーリー・マザーにささげたことがあった。モトゥルの息子のトライロキヤが言った。「若い神職（シュリー・ラーマクリシュナのこと）は金稼ぎのために寺院の庭に妻を連れてきたのだ」師はトライロキヤの言葉に衝撃を受けられた。涙ながらに母に言われた。「母よ、寺の人たちは、真実ではないことをあれこれと言うのです」どうすることができようか。それが世俗の人の話し方であり、それなりに馴染んでいくしかないのだ。

別の折、トライロキヤが寺院の守衛に命じて、不始末を起こした師のおいフリダイを寺院の敷地から締め出した。しかし守衛はまちがえて師にも立ち退くように伝えに行った。一言も反抗することなく、手ぬぐいを肩に掛けると、師は部屋を出られた。師が門に向かって歩いていくのを見つけたトライロキヤがたずねた。「師よ、どこに行かれるのですか」師はほほ笑んで言われた。「おまえの守衛が私に寺院を出ていくよう、伝えてきたのだ」トライロキヤはまごついて言った。「師よ、違います。師に出て行くようにとは申しておりません。どうぞおもどりください。守衛がまちがったのでございます」師はふたたび笑顔で部屋に引き返された。師は御自分の住居に無頓着でいらした。常に母とともにおられた師は、恐れを知らなかったのだ。

師の放棄

師はなんという心境を通過されたことか！　金銭に触れることも受けとることもおできになれなかったのだ。ましてや蓄えることなど論外だった。バラーナガルのマヘーンドラ・カヴィラージが、師のための五ルピーをラームラルに託したことがあった。最初師は牛乳代の支払いに当てられると思われた。しかし数時間たつと起き上がって、眠っていたラームラルを呼ばれた。「マヘーンドラはあの金をだれによこしたのだね。おばさん（ホーリー・マザーのこと）か」ラームラルが答えた。「いいえ、叔父さんにですよ」すると即座に師が言われた。「いや、受けとってはいけない。今すぐバラーナガルに行って返しておいで」真夜中だった。ラームラルは翌日返しに行くことを約束して師を宥めると、翌朝返しに行った［2］。後に師が信者に語られた。「あのお金のことで夜は眠れなかったのだよ。ネコに胸を引っ掻かれているかのように感じたのだ」

ドクター・バガヴァーン・ルドラの訪問を受けた師が言われた。「私に何が起こったのか見ておくれ！　金に触れることができないのだよ」そう言って師は手を伸ばすと、「私の手に一ルピー置いて、どうなるか見てごらん」と言われた。医師が一ルピーをのせると、たちまち師の呼吸が止まり、手は硬直してしまった。医師は驚嘆してしまった。医学書にこうしたことは記されていないのだ。師がサマーディに入っておられる間に、ドクター・マヘーンドラ・サルカルは師の眼球に指で触れてみた。反応はなかった。師は身体意識をまったくなくしておられたのだ。

師の御慈悲

師は信者のために涙を流しながら、「母よ、彼らの願いをかなえてください」と母に祈られたものだった。それほどの御慈悲を信者に垂れておられたのだ！　信者たちは家族への義務があったので、病床の師に満足できるほどお仕えできなかった。そこで師が彼らに成りかわって祈られたのだった。「母よ、彼らは家でたくさんの問題を抱え、あんなに忙しくしているのです。彼らの欠点をごらんにならないでください。祝福をお与えください、母よ」

ダムダム駐留地の兵士たちが数名、数時間の許可を得てはときどき師を訪問していた。師は「母よ、彼らに優しくしてください。多くの困難に耐えながらも、あなたに会いにくるのですから」と兵士たちのために祈られた。

ドッキネッショルのラーダーカーンタから装飾品が盗まれたことがあった。当時寺院の神職を務めていた師の従弟ハラダリが、容疑者として警察に捕まった。師は祈られた。「母よ、あなたの御名はドゥルガー（信者を危険から救う者の意）。あなたの子どもに不幸が降りかかったら、あなたの名折れとなります。母よ、すべての障害を取り除いてください」（われわれの知る限り、ハラダリは釈放された）

一人の男がやってきて、師におたずねした。「師よ。私には霊性の修行ができないのでございます。お望みなら、私に何らかの体験をさせてください」師はただちにサマーディに入られた。しばらくすると師は母に語り始められた。「母よ、この人は何もしたくないのです。私が牛乳から凝乳を作り、凝乳からバターを作り、そのバターを彼の口に入れてやらねばならないのでしょうか」霊的な修行へのこうした態度は、最近ではよく見られることだ。

師の許し

キリストは祈られた。「父よ、彼らを許したまえ。彼らには自分がしていることがわからないのです」キリストは自らを死に至らしめようとする者のためにこうして祈られたのだ。師もまた、悪人のために祈られた。カーリーガートに住んでいたモトゥル家の神職は、カルカッタのジャン・バザールにあるモトゥルの家では礼拝を行わなかった。この神職はモトゥルの師に対する帰依心に、たいへんな嫉妬心を抱いていたのだ。あるとき、師がジャン・バザールの家で法悦状態のまま床に横たわっておられたところに、この神職がやってきて言った。「おい、どうやってモトゥル・バーブに魔法をかけたんだ」しかし師がまったく反応されなかったので、神職は師を蹴飛ばすと出ていった。神職が厳しく罰せらぬよう、師は決してこの一件をモトゥルには伝えられなかった。

ある日師はカルカッタのナンダン・バガンにあるブラフモ・サマージの恒例の祝祭に参加された。責任者である家長が亡くなっていたので、息子たちが祝典を執り行った。彼らは師を丁重にもてなさなかったが、師は気にとどめられなかった。他の人びとが食事を始めても、若い主催者たちは師を無視していた。たいへん腹を立てて席を立とうとした信者たちに、師は言われた。「もう時間が遅い。こんな時間にどこで食事をするのだね。それにだれが馬車代を払ってくれると言うのだ」そして後ほど靴置き場になっている汚い隅にわずかな場所を見つけて食事をされた。二、三枚のルチに塩をつけて召し上がられた。なぜあんなことをされたのだろうか。その家の若い息子たちが師をご存じないことを知っておられて、慈悲心からそこで食事をされたのだった。

モトゥルの息子のトライロキヤが、ドッキネッショルのクティ（宿舎）でガーデン・パーティを催し、若い女性を数人招待したことがあった。師にも使いを送ってクティにお招きした。ただちにクティに姿を現した師は、「どうして私が呼ばれたのだね」とたずねられた。トライロキヤは「師よ、あなたの歌をお聞きしたいのです」と答えた。「どうしてだね」師が言われた。「この女の人たちにうたってもらって、私たちが聞こうではないか」そのあとで師がうたわれ、女性たちもうたった。師は彼女たちに勧められた軽食にはまったく手をつけられなかった。後に少々の食べ物と飲み物が師のお部屋に運ばれた。

ある夜、二頭立ての四輪馬車に乗った金持ちの使いが、ドッキネッショルにやってきた。彼は師に近づくと「師よ、今すぐ私といっしょにきて頂かねばなりません。われわれの主人が家で重病に陥っているのです」と言った。「それはまちがいだ。薬を分けてくれる僧侶ならパンチャヴァティにいる。私にはそういうことはわからないのだ。私はこの寺の庭で食べて暮らしているだけだ」師が答えられた。

寺院の中庭の隅で一人の女の人が待っていたことがあった。師が通りかかると、彼女が手招きした。師が近寄っていくと、彼女が言った。「私の愛人は何日も訪ねてきてくれないのです。あなたは聖者です。あの人を引き付けるマントラか秘訣を教えてもらえませんか」師は答えられた。「母よ、私にはそういうことはわからないのです」

師の素朴さ

ケシャブはブラーミンではなかった。そして彼の家で師が食事をされたことがあった。カーリー寺院の職員から参堂を拒まれないように、師は食事について口外しないように言われた。ところが翌日寺院の管理人が通りかかると、師は話しかけられた。「昨日はケシャブの家ですばらしいごちそうを食べたのだよ。食事を用意してくれたのが洗濯屋なのか床屋なのかはわからない。私には害になるだろうか」管理人はほほえみながら言った。「いいえ、師よ。よろしいのです。あなたを汚せるものなどございません」師は子どものように素朴でいらした。

ほとんどの人は、願いを聞き入れてもらうために神に祈る。富と繁栄が得られる限り、礼拝を続けるものだ。信者としてはそれでもよろしい。しかし愛故に神を愛する真の信者は数少ない。師の全生涯は純粋な信愛そのものだった。富や力は師に触れることすらできなかった。布をまとっていることさえ、しばしば困難であられたのだ。ほとんどいつでも「母よ、母よ」と母親を求める子どものように呼びかけておられた。

師の信者のほとんどが裕福ではなかった。なかには一文無しの者さえいた。師はよく彼らにおもしろいことを言われた。ある日たずねられた。「今日は何台馬車がきたのかね」ラトゥが「一九台でございます」と答えた。師が笑って言われた。「たったの一九台か！　たったそれだけかね。馬車や馬や信者たちが大勢来れば、ここも随分大した場所だと呼ばれるのだろうが」

『ラーマクリシュナの福音』の由来

師があるとき私に言われた。「母のためにおまえはちょっとした仕事をしなくてはならない、と母が私に言っておられたよ。神のお言葉『バーガヴァタ』を人類に教えることになるだろう。神はバーガヴァタのパンディットをひもでこの世に縛り付けておられるのだ。さもなければ、だれがここにとどまってこの神聖な本を解釈してくれるだろうか。神は人びとのためを思われてパンディットを縛り付けておかれるのだよ。母がこの世におまえを残しておられるのはそのためなのだ」

どの程度神の計画を見通せるものだろうか。一八六七年、ハレ・スクールの八年生だった私に、師は日記を付け始めるようにし向けられたのだった。そのとき以来、私は日々の行動や訪れた場所などを日記に記録していた。私が師にお会いしたのは一八八二年の二月下旬だった。日記をつけるという習慣が実際に実を結んだのはこのときだった。過去を振り返るとき、神がすべてのことをわれわれにさせておられることに気づく。ある特定の人物を通して何を達成させるかは、神があらかじめ決めておられるのだ。師のまわりには多くの人びとがいたが、師は私に記録を書かせられたのだった。その結果『ラーマクリシュナの福音』が生まれた。私は一五年の見習い期間を積んでいた。厳しい鍛錬が非常に役立った。私の記憶力は研ぎすまされ、執筆力も身についていた。帰宅後、夜にはその日一日のでき事をすべて思いだすことができた。その日聞いた数々の歌から最初の一行を思いだそうと努めたものだった。このように師は私を通して働かれたのだった。

仕事に拘束されていた私は世俗の活動に巻き込まれ、いつでも師をお訪ねするわけにはいかなかった。そこで書きとめておいた師のお言葉について訪問の合間に熟考していたのだった。世俗的な仕事のストレスと責任が私の心に焼きついた印象を薄れさせなかったのはそのおかげかも知れない。こうして覚え書きを残し始めたきっかけは、師の教えを自分自身がより完全に理解するためだったのだ。

師のお言葉を記憶し、さらに帰宅後短いメモを日記に書きとめた。一晩中記録の完成に費やすこともあった。後で記憶していた詳細をすべて書き込んだ。一日のでき事を完全に記録するのに七日間かかったこともあった。こうして『ラーマクリシュナの福音』は、私の日記の覚え書きから本という形になったのだった。チャータク鳥が雨粒の落ちてくるのを待つように、師のお言葉が心に思い浮かぶのを待たねばならなかった。ひとつの場面を千回以上瞑想することもあった。その結果ずっと以前のことでも、師の聖なるお遊びが生き生きと思い描けるようになった。師の恩寵を賜って、師のお遊びが起きたばかりであるかのように感じたのだった。それ故あの本は師のおまえで記されたと言えよう。挿話の描写に満足がいかないときには、師の瞑想に没頭した。すると心にありありと正確な場面が現れてくるのだった。そういうわけで、時間的には大きな隔たりがあろうとも、私の思いの中では、執筆の直前に起きたことのように感じられていた。私が記した内容に、他の情報源から収集されたものはない。自分自身の耳で聞いた師の唇から漏れるお言葉と、自分自身の目で見た師の生活そのものを記録したものだ。

スワーミー・ヴィヴェーカーナンダが『福音』について手紙を送ってくれた。「かなり独創的な手段ですね。偉大な大師たちの生涯を脚色することなく、ありのままに公開したのはあなたが初めてです」『ラーマクリシュナの福音』は、世界で唯一直接記録されたアヴァターの生涯と教えの書だ。シュリー・ラーマクリシュナに関する資料収集には三つの方法がある。一つは直接観察されたことをその日の内に書きとめる方法。二つ目は直接観察された内容だが、師の存命中に記録されなかったもの。そして三つ目は聞き伝えられた内容で、やはり師の死後に記されたものだ。『ラーマクリシュナの福音』はこの最初の方法に分類される。『福音』に記された各場面に私は実際に立ち会ったのだ。

日記の出版に関しては慎重を期した。少しでもまちがいがあれば、価値は半減してしまうだろう。私が証言の法則を一時期学んだことを知る人はいない。目撃者がたった一つのまちがいを犯せば、事件はすべて無効になってしまうのだ。判事に向かって弁護士は、「裁判官殿、この証言は信頼できません」と申し立てるのだ。私はよく裁判所を訪れ、こうした詳細を観察した。目撃者の証言はたいへん価値あるものだ。それ故、判事は「あなた自身が目撃したのですか」と尋問するのだ。実際に本人が見聞きしたことならば、言葉は重要だ。私は『福音』が出版される前に事実と詳細をすべて点検した。

（『福音』から重複部分の削除を求められたとき、Ｍは答えている）それはできないことだ。師は同じたとえ話であっても、別の人びとに話されたのだった。部分的に削除してしまうと、会話の流れが途切れてしまう。さらには『福音』が特定の人びとの生涯に投げかけた印象が理解できなくなってしまうだろう。師は同じ教えを五人の人びとに、それぞれ別々の場所で授けられたのだった。バンキムに言われたことを、他の人たちにも言われた。ヴィヴェーカーナンダと交わされた会話は、またそれ以外の人とも交わされたのだった。

ダイヤモンドは、はめ込み台を変えることによって輝きを増すことがある。ほこりだらけの地面に置いたときと、緑の芝生の上に置いたのでは印象が異なる。しかし青のビロードの裏地を張った宝石箱に収められたときに、最高の輝きを見せるものだ。『福音』の言葉も同様である。日光は、水面、地面、そしてガラスに当てられた時で異なって見えるが、最高の輝きはガラスに反射したときに生まれる。それだから、『福音』の重複は避けがたいのである。削除することは、師との対話を中断することになってしまうのだ。

フリダイがあるとき師に申しあげた。「叔父さん、叔父さんのとっておきの教えは、どうぞいくつかとっておいてください。ぜんぶいっぺんに話してしまうと、同じ話のくり返しだと言って、もう叔父さんのところに人がやってこなくなりますよ」そこで師は答えられた。「こいつめ！　同じ言葉を五〇回でもくり返すぞ。おまえとなんの関係があるのだ」

（『ラーマクリシュナの福音』はMの学校の教育課程に組み込まれていた。生徒に自分の本を売りつけているという批判がでたとき、彼は静かに答えた）生徒たちが家庭生活に入るとき、『福音』を読むことの意味がわかるようになるだろう。師は「この世は燃えさかる火だ」とよく言われていた。私にはその意味が嫌と言うほどよくわかった。少年たちが世間に出て、悲しみと苦しみにあえぐとき、師の不滅の言葉が愛情深い母親のように救ってくれるだろう。師の教えを一つでも覚えていれば、荒れ狂うマーヤーの大海を渡る舟となって、人生に平安をもたらしてくれるだろう。

（Mは病をおして、夜中の一時に灯油の明かりのもとでベンガル語の『福音』から最終部分の校正文を読んでくれた。仲間から愛情のこもった非難を受けながら、Mが言った）師の不滅のメッセージそのものであるこの本を読むことで、平安が得られる。肉体が終わるのは避けがたいことだから、肉体がある限り平安を他者に広めるのがよろしい。この世にあって、計り知れない苦しみにさいなまれていた私が、『ラーマクリシュナの福音』によってその苦悶を忘れた。本の出版を急いでいるところだ。

私はアヴァターである

ドッキネッショルの松の木立にたたずんで、師が私に言われた。「私はアヴァターだ。人間の姿をとった神なのだ」さらには「私はふたたび生まれ変わらねばならない」とも言われた。師はくり返し「人として最大の義務は神を実現することだ」と宣言されている。そして御自身がその御生涯を通して、この理想を全うして示されたのだった。

アヴァターが下生するとき、至福の流れがあたりを満たす。キリストは言われた。「花婿がいっしょにいる間、婚礼の客は悲しむことができるだろうか」キリストはアヴァターだった。ある日師が私に言われた。「キリスト、ゴーランガ、そして私は一つだ」アヴァターとともに暮らす人は、絶えざる至福を経験する。しかしアヴァターが旅立つときには、悲嘆に打ちひしがれる。私は五年間世間を忘れていた。師がおられた頃、われわれは至福の内に漂っていたのだ。今では幸福な日もあれば、不幸な日もある。なんとすばらしい時を師とともにすごしたことだろう——祝典、祭り、歌や踊り！

師が亡くなられたとき、私は三日間断食をした。

私は取るに足らない者だが、大海の岸辺に住んでいて、海水の入った水差しを持っている。訪れる人がいると、その水でもてなす。師のお言葉以外に、私に何が語れようか。

私の人生最大のでき事を問われれば、シュリー・ラーマクリシュナ・パラマハンサ、わが師にお会いしたことだと答えるだろう。

［1］

感覚の対象を思うと、感覚の対象への執着を起こす。

執着が強まると、耽溺となる。

耽溺が阻止されると、怒りに変わる。

怒りが心を混乱させる。

心が混乱すると、体験に学ぶことを忘れてしまう。

体験を忘れると、識別ができなくなる。

識別ができなくなると、人生唯一の目的を見失ってしまう。

［2］スワーミー・アドブターナンダによると、そのお金はその日の夜に返されたという（本書、第二章　スワーミー・アドブターナンダ参照）。

［出典：Srima Darshan, by Swami Nityatmananda (Calcutta: Genera Printers & Publ. Pvt. Ltd.), vols. I-XVI, 1967-77; The Gospel of Sri Rama- krishna, tr. by Swami Nikhilananda (New York: Ramakrishna-Vive- ka- nanda Center), 1969; Disciples of Sri Ramakrishna (Calcutta: Advaita Ashrama), 1955］

Ramakrishna As We Saw Him Vol.2
ラーマクリシュナの回想録 2
──出家と在家信者による──

2023 年 12 月 24 日 初版発行
発行者　日本ヴェーダーンタ協会会長
印刷所　モリモト印刷株式会社
発行所　日本ヴェーダーンタ協会
249-0001 神奈川県逗子市久木 4-18-1
Website: vedanta.jp
E-mail: info@vedanta.jp
Tel: 046-873-0428
Fax: 046-873-0592

Printed in Japan
ISBN978-4-931148-78-9

日本ヴェーダーンタ協会 刊行物

www.vedantajp.com/ ショップ /

ショップ

ショップ / 和書

ショップ /CD

ショップ /DVD

eBook
(Amazon Kindle 版)

アマゾン電子書籍

Amazon Kindle 版
和書

Amazon Kindle 版
雑誌

Amazon Kindle 版
雑誌合本

日本ヴェーダーンタ協会会員

協会会員（会費）